新版

楽しく学ぶ
介護過程

時潮社

介護過程を学ぶ皆さんへ

　介護福祉職は、利用者の生活を支援します。そして介護福祉士は、支援者としての専門性をもって支援することが求められています。一方、利用者は自分自身の生活の主体者です。そのために介護福祉は、利用者の意思を大切にするとともに、利用者のよりよい生活を考えながら支援することが大切です。「介護過程」は、介護福祉の方法や思考過程をあらわすものですが、『新版 楽しく学ぶ介護過程』は、上記の点を踏まえ、介護過程を展開する際に大切であると思われる視点を入れて作成しました。

　『新版 楽しく学ぶ介護過程』は、以下のような6章構成になっています。

第1章　〈介護過程を学ぶために〉では、介護の基盤となる「人間の生活」と「他者とのかかわり」について学びます。

第2章　〈利用者の願いや思いに気づく〉では、「利用者理解の視点」について、学習者自身が事例を通して考えていくことを目的に設定しています。

第3章　〈「課題解決思考」について理解する〉では、身近な日常生活場面を例にした演習を通し、課題解決思考について理解することを目的としています。

第4章　〈介護過程を理解する〉では、「介護過程」に対する基本的な考え方と、介護過程の構成要素についての理解をしていきます。本章は、本書で使用する介護過程展開シートの考え方を基盤に記していますが、どのようなシートであっても共通すると思われる一般的な内容も意識して記しています。

第5章　〈本書の「介護過程展開シート」の書き方〉では、本書の介護過程展開シートの書き方を説明します。
　　　　アセスメントでは、「利用者の願いや思いは何か、介護福祉職からみて必要なこととその根拠は何か、介護の方向性の判断」という視点を意識して記述できるようにシートを構成しています。

第6章　〈介護過程の内容を検討・評価する方法〉では、介護実習で介護過程を展開する際に、介護過程の内容や進め方を学生が多角的に検討できるために行われる「カンファレンス」と、介護過程全体の評価やまとめとして行われる「事例研究」について学びます。

　介護過程を学ぶ初学習者にとって、本書が介護過程を理解するための一助となるよう、今後も検討を重ねていきたいと思います。お気づきの点があればご指導いただきますよう、よろしくお願いいたします。

2018年1月

新版監修　柊崎京子

目 次

介護過程を学ぶ皆さんへ ———————————————————————— 1

第1章　介護過程を学ぶために

Ⅰ 「生活」ってなんだろう ———————————————————————— 4
1. 自分の生活を知る　4
2. 高齢者の生活を知る　6
3. 「自分の生活」「高齢者の生活」からみえてきたもの　9
   もっとLet's try!　9

Ⅱ 「かかわり」ってなんだろう ———————————————————————— 10
1. かかわりの基本はコミュニケーション　10
2. 相手の立場になって考える　12
3. 対人支援の特質　14
4. 自分のコミュニケーション（言語的・非言語的）の特徴（特長）に気づくことの意義　14
5. 「かかわり」からみえてきたもの　14
   【補足】　16

第2章　利用者の願いや思いに気づく

Ⅰ 利用者の願いや思いに近づくために ———————————————————————— 17
1. 願いや思いに気づく　17
2. 人はさまざまな面をもつ　18
3. 利用者の暮らしの場で、願いや思いに気づく　19

Ⅱ Aさんの願いや思いをくみ取る ———————————————————————— 20
1. Aさんの願いや思いに気づく　20
2. Aさんの思いをどうとらえたか　26
3. 気づきを介護過程の展開に生かすために　26

第3章　「課題解決思考」について理解する

Ⅰ 日常場面での課題解決 —何かをする前にしていること— ———————————————————————— 28
Ⅱ 「課題解決思考」の概要 ———————————————————————— 30
Ⅲ 「課題解決思考」を体験する ———————————————————————— 32
1. ワークを通して「課題解決思考」を具体的に体験してみよう　32
2. 課題解決思考の道筋　38

Ⅳ 介護場面と課題解決思考 ———————————————————————— 38

第4章　介護過程を理解する

Ⅰ 介護過程とは何か ———————————————————————— 41
1. 介護過程は、「課題解決思考」を「方法」とする　41
2. 介護過程の出発点は「人間関係」　41
3. 介護過程を展開する目的　42
4. 介護過程の定義（概念）　42

Ⅱ 介護過程の構造と構成要素 ———————————————————————— 43
1. アセスメント　44
   1) 情報収集　44
   2) 情報の分析・解釈・統合　48
   3) 判　断　51

　　　　4）生活課題の表現方法　52
　　　　5）生活課題の優先順位を決定する　53
　2　介護計画　54
　3　実　施　55
　4　評　価　55

第5章　「介護過程展開シート」の書き方

Ⅰ　本書で使用する「介護過程展開シート」──57
　1　介護過程展開シートの構成　57

Ⅱ　介護過程展開シートの書き方──58
　1　情報収集シートの書き方　58
　　　1）情報収集シート3種類に共通する書き方　58
　　　2）情報収集シート3種類に共通する留意点　58
　　「これが私：くらし」シートの書き方　59
　　「これが私：からだ」シートの書き方　62
　　「これが私：こころ」シートの書き方　64
　2　アセスメントシートの書き方　66
　　　1）情報の整理　67
　　　2）情報の分析・解釈・統合　67
　　　3）判　断　69
　3　介護計画シートの書き方　71
　　ジェノグラム　75

Ⅲ　Bさんの事例──77

第6章　介護過程の内容を検討・評価する方法

Ⅰ　カンファレンス──88
　1　実習生がグループで学習・討議するための方法としてのカンファレンス　88
　2　介護過程を展開するためのカンファレンス　89

Ⅱ　介護過程の展開を通し自分自身を「ふり返る」方法例──93

Ⅲ　事例研究──95
　1　事例研究の意義　95
　2　事例研究のテーマ決定　96
　3　事例研究の方法　96
　　研究報告（資料）　98

資　料

介護過程展開シート
　　これが私：くらし　103
　　これが私：からだ　104
　　これが私：こころ　105
　　アセスメントシート　106
　　介護計画シート　107

認知症高齢者の日常生活自立度判定基準　108
障害高齢者の日常生活自立度（寝たきり度）判定基準　109
「相手の立場になって考える」授業計画　110

第1章 介護過程を学ぶために

　この章では、生活の支援者として介護福祉活動の基盤となる「生活」と「かかわり」について学んでいく。
　まずは、自分が生活のなかで見過ごしてきたことや自然に感じてきたことをふり返り、自分の生活について意識的に考える。次に、高齢者が生きてきた時代を調べ、高齢者が歩んできたこれまでの生活について学ぶ。さらに、クラスメイトとのかかわりや事例を通して、自分や相手の価値観や考えに対する理解を深め、介護過程を実践するための準備をしていく。

Ⅰ 「生活」ってなんだろう

　「生活」とは、『大辞泉』によれば、生物がこの世に存在し活動していることであり、人が世の中で暮らしていくことを示す言葉である。
　私たちは、毎日の生活を積み重ね、生きている。そのなかで習慣や価値観がそなわってくるのではないだろうか。

1 自分の生活を知る

ワーク1-① 私の生活を理解しよう

〈ワークのねらい〉
　「私」の生活は、どのように成り立っているのだろうか。
　介護福祉職は、利用者の生活に近い距離で支援を展開している。利用者の生活にかかわるためのきっかけとして、自分の生活を客観的にみつめてみよう。

〈ワークの方法〉
①ある日の私の過ごし方：起床から翌朝まで時間毎にシートに書く。たとえば、登校、授業、サークル活動、ボランティア活動、アルバイトなどを記入。食事、排泄は指定の欄に記入する。
②1週間の予定：シート作成日から1週間の予定を書く。週間予定は授業での課題提出、アルバイトや趣味、習い事、計画していることなども記入してよい。
③定期的に継続していること、楽しみにしていること：健康に関する習慣、スポーツやサークル活動、楽しみとして続けてきたことなどを自由に書く。たとえば、「日記をつける」など意識していなかったが続けてきたことや、「誕生日は家族で祝う」など家族や友人との集まりで継続していることがあるかもしれない。

　※ 書きたくないことは書かなくてよい。

第1章 介護過程を学ぶために

◆ワークシート1-①

ある日の私の過ごし方				1週間の予定
年　月　日　（　）		食　事 (場所、内容・量、 共にする相手など)	排　泄 (場所、尿と便 の回数・量など)	
6時				月（　／　）
9時				火（　／　）
12時				水（　／　）
15時				木（　／　）
18時				金（　／　）
21時				土（　／　）
24時				
3時				日（　／　）

〈定期的に継続していること、楽しみにしていること〉

〈 ワーク1－①のふり返り 〉

1．自分の生活をふり返り、自分の社会生活についてどのように感じましたか？

2．自分の生活をふり返り、「食事」や「排泄」についてどのように感じましたか？

3．自分の生活をふり返り、介護福祉にいかせることはありましたか？

ワークを通して、自分の生活について考えることができただろうか。
次は、高齢者の生活への理解を深め、他者の生活について考えていきたい。

2　高齢者の生活を知る

あなたは現在何歳ですか。たとえば、18歳だとする。
　現在18歳の人と、現在80歳の人は、今は同じ時代を生きている。しかし、現在80歳の人が18歳だった時は、その18歳だった時の時代を生きていた。
　人は、いろいろなものから影響を受けながら、自分以外のものに影響を与えながら生きている。たとえば、生きている時代や、地域などから影響を受けている。また、時代や地域は同じであっても、人はそれぞれに違いがある。他者の生活を考えるきっかけとして、昔の時代を調べ、他者に話を聞いてみよう。

第1章　介護過程を学ぶために

ワーク1-②　高齢者の生活を理解しよう

〈ワークのねらい〉
　高齢者が生きてきた時代について調べ、高齢者がどのような生活を送ってきたのかを聞いてみよう。また、生活の成り立ちは地域性との関連も深い。個別性を意識しながら、他者の生活を考えるきっかけにしよう。

〈ワークの方法〉　①～③は調べて記入、④は話を聞いて記入
①年号：話を聞く高齢者の年齢をふまえ、幼少期から現在までの各年代のおおよその年号（大正・昭和・平成）を記入する。
②その時代背景やできごと：①で記入した年号に起きた社会的な事件や出来事を調べ、記入する。
③人々の生活、暮らしの状況：①で記入した年号の時代、人々はどのように過ごしていたかを調べ、記入する。住まい、季節ごとの暮らし、生活必需品、炊事・洗濯・掃除などの家事の様子、食べ物、ファッション、遊び、経済状況、社会の状況などをキーワードに調べてみよう。
④その時代、どのような生活や暮らしをしていたか：①～③で調べた内容を参考にしながら、話を聞く高齢者が、各年代をどのように過ごしていたか（過ごしているか）を聞き、記入する。

昔の写真

1. 昭和6年　尋常高等小学校の集合写真

2. 昭和17年　家族6人の写真

3. 昭和19年　出征時の記念写真

4. 昭和27年　雪遊びの写真（左手前3歳 昭和24年生まれ）

◆ ワークシート１−②

年　　月　　日 記入

氏名：　　　　　　　さん（イニシャルで表記）　　　性別：　男　・　女
大正・昭和（　　　）年／西暦（　　　）年生まれ　　現在の年齢（　　）歳

	自身で調べて記入		話を聞いて記入
年号	その時代背景やできごと	人々の生活、暮らしの状況	その時代、どのような生活や暮らしをしていたか（たとえば、衣食住、仕事など）
幼少期			
20−30歳代			
40−50歳代			
60−70歳代			
80歳−現在			

第1章　介護過程を学ぶために

〈ワーク1-②のふり返り〉

> 1．高齢者が生きてきた時代について調べ、現在との共通点や違いはありましたか？
>
>
>
> 2．高齢者から話を聞いて、感じたことや学んだことは何ですか？

　高齢者が生きてきた時代、生活について意識的に考えることができただろうか。その人が生きてきた時代は、その人の現在の生活に影響しているかもしれないことを理解しておきたい。

3　「自分の生活」「高齢者の生活」からみえてきたもの

　生活は、生きてきた時代による違いもあれば、同時代であっても人によって個別性がある。誰もがそれぞれの生きてきた場面で、異なる経験と思いを胸にかけがえのない一回限りの人生を歩んでいる。

　介護を必要としている高齢者や障害のある方も、多くの人とかかわりながら、過去〜現在〜未来を生きている。時間・場所・方法などの違いはあれ、誰であっても、どんな生活をしていても、大切にしていることや守りたい領域をもっている。介護福祉に携わる私たちは、「その人らしさ」を尊重しながら、生活に視点をあてて支援をすることが大切である。

> **もっとLet's try!**
>
> ◆　参加してみよう！
>
> 　皆さんは、地域の活動に参加したことがありますか。あなたの住む地域では、自治会が結成されていますか。老人クラブの活動を知っていますか。
>
> 　地域ではいろいろな人が生活しています。地域のために役割をもって活動している高齢者も多くいます。皆さんが住む地域で、高齢者がどのような活動をしているかを知るために、お祭りや地域の行事に参加してみませんか。主体的に活動に参加すると、より理解が深まるかもしれません。また、老人クラブの活動についても、活動されている方に直接伺うなどをしてみませんか。

Ⅱ 「かかわり」ってなんだろう

　親密にかかわる、見知らぬ人とかかわる、とんだ事件にかかわる、社会にかかわる……。このように、かかわりの実際は、自分と他人が関係をもつこと、自分が自分以外の事柄と関係することである。しかし、人とかかわるのが得意、人とかかわるのが苦手のように、「かかわり」と聞いてすぐに思い浮かぶのは、対人関係の場面ではないだろうか。生きている・生きていくということは、対人関係の積み重ねであるといえる。

　第4章以降で学ぶ介護過程は、利用者とかかわるのはもちろんだが、同職種・他職種との協働・連携という他者とのかかわりを前提に進められる。すなわち、介護過程を展開するときの考え方だけでなく、かかわり方そのものを学習することが私たちには求められている。「かかわり」は、他者に対する生活支援のあり方と密接に関連するため、生活支援を考えるうえでも重要な課題となっている。

　ここでは、「他者とかかわる」とはどういうことかを考えていきたい。

1 かかわりの基本はコミュニケーション

ワーク1−③　ワークを通してコミュニケーションについて考えよう

〈ワークのねらい〉
　お互いを知るためには十分なコミュニケーションが必要である。
　グループメンバー全員の共通項をみつけるために話し合い、グループを紹介するポスターをつくろう。
　このワークを通し、自分自身を理解し他者に伝えていくことや、他者に関心をもち共感すること、1つのことを成し遂げるためのチームワークに必要なコミュニケーションについて体験する。

〈ワークの方法〉
①4〜5名のグループで話し合いをし、"グループメンバー全員に共通すること"をより多く見つける。血液型が同じ、趣味が同じなど何でもよい。
②共通項を盛り込んだグループ名を考える。
③話し合いで見つかった共通項を紹介するためのポスターを作る。ポスター1枚だけで共通項をアピールできるように工夫する（イラスト入りも可）。
　（ポスターに書く項目：グループ名　メンバー氏名　共通項）
④グループ発表を行う。

（参考文献『77のワークで学ぶ対人援助ワークブック』久美出版、2003年）

第1章　介護過程を学ぶために

〈ワーク１-③のふり返り〉

1. あなたは、自分の意見を伝えたりポスターを作る時に、どのようなことを心がけてメンバーとかかわりましたか？

2. あなたは、他者の話を聞く時に、どのようなことを心がけましたか？

3. メンバーは、自分の意見をどのように伝え、他者の話をどのように聞いていましたか？

4. 自分のコミュニケーション（言語的・非言語的）について、何か気づいたことはありますか？

5. このワークを通して、「コミュニケーション」や「かかわる」ということについて、大切と思ったことはどのようなことですか？

2　相手の立場になって考える

ワーク1-④　ワークを通してコミュニケーションについて考えよう

〈ワークのねらい〉
以下のみかこさんの手記を読んで、もしあなたが、みかこさんだったら、どのような気持ちや思いを抱くだろうか考えよう。

〈ワークの方法〉
①「もし私が高校入学後1週間目にたおれたら……」「私は、○○と感じる（○○と思う）」のように、「もし私が」の設問と、私の気持ちを5個記入する。
②各自の考えを発表する。

今、私は、28歳。

高校入学後1週間目に脳出血でたおれ、足を引きずるような歩行障害がのこった。私は絵が好きだったので、1年留年して高校を卒業した後は、デザイン専門学校に進学した。ハードな卒業製作も無事終えて卒業。でも、卒業後すぐに2回目の脳出血が起こった。今度は左半身麻痺、車いす生活になった。

杖をついて歩けるようになりたかったが、「平衡感覚がなくなっているので歩けるようにはならない」と医師は言った。それ以来私は、近所の土手での歩行練習を止めた。健康だった頃は考えてもみなかったが、いわゆる「健常者」と「障害者」の差はあまりに大きい……。

私は、まだ死ねない。やりたいことがある。しばらくは落ち込んだが、20代半ばを過ぎて、地元で活動している障害者運動の活動に参加するようになったら、知り合いが増えてだんだんと私らしく生活できるようになった。

◆ワークシート1-④-1

	もし私が…	私の気持ち・思い・考え
1	もし私が	私は
2	もし私が	私は
3	もし私が	私は
4	もし私が	私は
5	もし私が	私は

第1章　介護過程を学ぶために

◆ ワークシート1－④－2

「もし私が……」で考えたことを皆で発表し、他者の意見や気持ちを聞いてみよう。どのような意見・考えがあったか、聞いたことを記入しよう。

〈ワーク1－④のふり返り〉

あなたはこのワークを通して、どのようなことを感じましたか？　何を学びましたか？

3　対人支援の特質

　介護は「人」が「人」にかかわるという行為である。それは、介護福祉職が自ら働きかける能動的な姿勢を含んでいる。

　介護福祉職である「人」も、利用者である「人」も、一人として同じ人はいない。したがって、同じ介護実践であっても介護福祉職の考え方やかかわり方、利用者の状況によっては、違った結果が導き出されることがある。

　介護の方向性やかかわりの内容には、さまざまなものが影響する。たとえば、利用者の意思や考え方はさまざまであるが、これらは介護の方向性を最も左右するものといえる。また、介護福祉職自身も個別性をもつ存在である。価値観、教育背景、経験、高齢者・障害者分野のどこで働いているのか。また、職場環境などの違いは、介護に対する考え方や実践を左右する要因になる。たとえ同じ職種であっても、経験によって考え方が違ってくることもあれば、個人が職場を変わることにより考え方や実践方法が変化することはよくある体験であると言えよう。

4　自分のコミュニケーション（言語的・非言語的）の特徴（特長）に気づくことの意義

　ワークを通し、自分のコミュニケーションの特徴（特長）に気づく機会があっただろうか。
　楽しい雰囲気があれば自分も自然に明るい表情になり、怒っている人がいれば、その怒っている雰囲気に自分が影響を受けることもあるだろう。また、話し合いをしている時に、相手が自分の方を向いていなかったり、貧乏ゆすりをしたり、スマートフォンや携帯電話に気をとられていたりすると、嫌な気持ちになったり話に集中できなかったりすることがある。このように、他者の言動が自分に与える影響があるように、自分自身の言動も相手に影響を与えていると言える。

　介護福祉職は同職種および他職種とかかわったり、会議に参加したり、何かを誰かと一緒に行う機会が多い。「自分の意見をわかりやすく伝える力」「相手の意見を丁寧に聴く力」は、チームで働くために必要な能力であると言われている。また、利用者を尊重した態度でかかわることが必要と言われている。これらチームワークや尊厳保持においては、自分も他者に影響を与える存在であることを踏まえ、まずは自分自身のコミュニケーションについて常にふり返りを行う態度をもつことが大切である。

5　「かかわり」からみえてきたもの

　人は、「感じる」「考える」ことを繰り返している。自分の意志や判断は、自分が「感じる」「考える」ことに基づいて成り立っている。あるいは、自分が「感じる」「考える」ことに影響されて行動している。自覚や意志に基づいて行動したり作用を他に及ぼしたりするものを「主体」と言う（『大辞泉』より）。

　介護は、介護福祉職が自分の心・頭・体を使って（動かして）、利用者という他者とかかわることである。介護＝かかわり、と言い換えてもよい。

このかかわりについて、自分中心に考えてみれば、かかわる主体は自分自身で、その対象は自分以外の「他人」「事柄」である。一方、利用者からみれば、かかわる主体は利用者自身であり、その対象は自分以外の「他人」「事柄」である。

2人の人がいて、誰かから「花が咲いていた」という話を聞いた場合、もし今までに「花」を見たことがなければ、2人は「花」というものを自分の知っている知識で想像するのではないだろうか。

また、「夏の花が咲いていた」という会話をする場合、2人が同じ花をイメージして会話しているとは限らない。知識や経験は人それぞれであり、限界がある。もしかすると2人のイメージや認識は一致していないかもしれない。今までの経験や価値観の違い、好きな花の違い、夏の花として何を認識しているかの違い、その話題に対する関心の違いなど、2人の間には共通性があるかもしれないが、それと同時に「違い」をもっているのである。

図1-1は、以上の内容を図式化したものである。かかわることの前提には、「感じる・考える主体同士がかかわる」という、当たり前の事実が存在する。自分が感じている・思っていることと、他者が感じている・思っていることは同じかもしれない。あるいは、微妙に違うかもしれないし、全く違っているかもしれないのである。

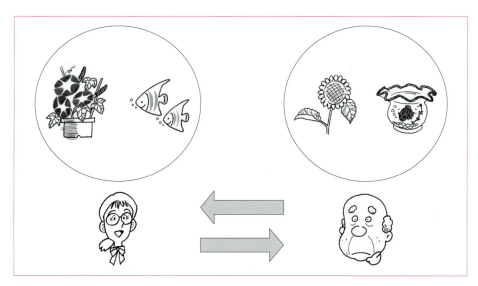

図1-1 感じる・考える主体同士がかかわるということ

本書では、「利用者の主体性を尊重」すること、「利用者の思い・願い」を大切に考えていきたい。なぜなら、利用者の生活の主体は、利用者自身だからである。

利用者の「主体性」をどうとらえることができ、どう尊重できるか。利用者の「思い・願い」にどう気づくことができ、どう支援に活かしていけるか。これらの課題に取り組んでいくことが、すなわち介護を考えることにつながる。

介護福祉職として利用者にかかわるための第一歩は、自分と他者の違いに気づくことである。自分と他者には違いがあることを踏まえたうえで、他者を理解するためのコミュニケーション技術や共感能力が求められている。

（＊巻末資料に授業案掲載）

【補　足】
その後のみかこさんを知ってください。

> 　私は、35歳。結婚して妊娠。人並みの幸せを手にしたと思った矢先、3回目の再発をし、妊娠は継続できなかった。治療との関係で出産を断念せざるを得なかったのだ。入院中に夫は離婚したいと言ってきた。いろいろ考えることもあったが、私は離婚を受け入れた。そして退院後は、再び一人暮らしを始めた。
>
> 　今、私は、39歳。
> 　自立生活センターで介助者派遣の仕事をしている。仕事は忙しい。多忙はよくないとわかっている。身体への負担が脳出血の引き金になってきたと感じているからだ。頭が痛い夜は、「このまま朝になっても目が覚めないかもしれない」と思う時がある。
> 　でも、私の生活は充実しているように思う。美術館にはしょっちゅう行っている。シャーロックホームズが好きでロンドンにも行った。頼まれたり、誘われると断れない性格だから、仕事も遊びも何でもやってしまう。何でも「会」を作るのが私流らしい。カラオケ同好会、通販友の会、ひとり者互助会……。
>
> 　来年40歳になる。「10年後の自分へ」という手紙を10年前に書いて机にしまっているが、その10年目が来年やってくる。確か手紙には、次のようなことを書いた気がする。
> 　　この手紙が開かれるころ、私は生きていないかもしれない。
> 　　妹の千春は元気だろうか？　今年から社会人になるが、どういう人生を送るのか。
> 　　何はともあれ、人生一瞬でも輝いている時があればよいのだけど。そして、お父さんお母さんは、元気でいるのかいないのか？
> 　　現在、家には猫のステとピーチがいるけど、この手紙が開かれる時にはいないだろうな？
> 　　猫は偉い。一生懸命生きて、寿命がくれば、モンクひとつ言わずに死んでいくから。
> 　　私はこれからどうなるのか……。

◆　その後のみかこさんを知って、「ワーク1−④　その人の立場（状況）になって考えてみよう」を行った時とは異なる感情や考えが出てきたのではないでしょうか。自分が新たな経験、新たな情報を得ることで、自分の価値観や他者へのまなざしも変化することがあります。「かかわり」は、多くの可能性や多様な要素を含んでいると言えます。

◆　みかこさんに、あなたの思いを手紙に書いてみませんか。

第2章 利用者の願いや思いに気づく

　この章では、利用者の願いや思いに気づくための視点を学ぶ。
　介護過程を展開していくためには、利用者の願いや思いにどのように気づき、その思いをどうつなげていけばいいのかを学ぶ必要がある。利用者と出会い、傾聴し、利用者の願いや思いに向きあうことは、介護を継続していくうえにおいて欠かすことのできない技術である。

I 利用者の願いや思いに近づくために

1 願いや思いに気づく

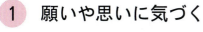

紙はしわくちゃ。中央が破けている……。

図2-1　ある男の子が描いた絵

　図2-1は、5歳の男の子が描いた絵を模写したものである。画用紙はしわくちゃで、中央部分が破けている。

◆この絵を見て、思ったことや感じたことを書いてみよう。

図2-2　ある男の子が描いた絵（図2-1の裏面）

　なぜ、しわくちゃで中央が破けているのか。種明かしをしよう。絵（図2-1）を裏返して見たところ、「さつまいも」がたくさん描かれていた（図2-2）。真っ黒に塗りつぶしてあったのは土、中央部分の破けた穴はさつまいもを掘った穴だったのである。

　この子は、絵を描く1週間ほど前に、幼稚園行事のいも掘りに参加していた。数日後、幼稚園教諭から「おいも掘りの思い出を描きましょう」と言われて描いた絵である。いも掘りに対する思いがたくさん詰まった5歳児の絵に教諭が気づかず、「どうしたの」「真っ黒じゃない」「画用紙を破ってはいけません」などと言われ、否定されてしまったら、この子の心はどうなるだろうか。もう二度と絵を描かないかもしれない。

　この子は、いも掘りの思い出を画用紙に一生懸命描いた。型にはまることなく自分がもっている力でありのままに表現した。そして、この子の思いがたくさん詰まった絵は、その子の気持ちを理解しようとした教諭に届いたのである。

　このように、お互いの思いを伝えあうことができるかできないかで、人と人との関係は変わってくる。利用者の願いや思いに気づくには、一方的に見るのではなく、さまざまな角度から立体的に深く知ろうとする介護福祉職側の姿勢が大切である。

❷　人はさまざまな面をもつ

　人はさまざまな面をもっているといわれる。さまざまな角度から見ると、人は誰でも、その役割とともにさまざまな顔をもっていることがわかる。たとえば一人の女性が、接する相手や場によって、母の顔、妻の顔、社会人の顔、子どもの顔を見せたりする。それは人として当たり前のことであり、さまざまな面をもつのが人である。したがって、人を理解しようとするとき、その人の一面を理解しただけでは、本当に理解したとはいえない。

　人間関係においては、自分がよく知っていると思っていた人の「意外な一面」を発見するということが度々ある。この「意外な一面」をたくさん知ることが、利用者理解への第一歩である。

3 利用者の暮らしの場で、願いや思いに気づく

1）日々の介護のなかから利用者の願いや思いに気づく

　私たちはどのようにして利用者の願いや思いに気づくことができるのだろうか。

　五感を十分に活かし、利用者と寄り添っていれば、ふと感じることも多い。例として、特別養護老人ホームで実習した学生と、在宅でホームヘルプサービスを実施したホームヘルパーの気づきを取りあげる。

（1）特別養護老人ホームで実習した学生Aの気づき

　利用者Bさんは、左半身麻痺があり車いすを利用している。日中は、日々うなだれており、無口でどことなく元気がないように思える。レクリエーション活動など集団での活動は好まず一人でホールで過ごすことが多い。しかし、夕食後のひと時に利用者仲間とホールで将棋を指す。その周りを何人かの利用者が囲んで、何やかにやと言いながら観戦している。この時のBさんはとても誇らしげで、「まいったなあ」などと言いながら相手との会話も弾む。

●学生Aの気づき

> Bさんは、自分の好きな将棋を介して、利用者の皆さんとかかわることを望み、静かな夜の時間をとても楽しみにしている。左半身麻痺で手足が不自由でも、自分の好きな趣味で自分の居場所をもっているように見える。

（2）自宅で生活する高齢者の介護時のホームヘルパーCの気づき

　自宅で生活する高齢のDさんは、息子夫婦とホームヘルパーCの介護を受けている。寝たきり状態に、ひどい下痢も重なり、家族やホームヘルパーはオムツ交換や洗濯に追われていた。

　そんなある日、Dさんは、オムツを換えていたホームヘルパーCに「もう死にたい。何もしないでほしい」と目に涙を溜めて訴えた。生来、人の世話にはなりたくないと言っていたDさんである。ホームヘルパーCは、安易に「そんなことを言わないで……」と励ます気持ちになれず、「そういうお気持ちなんですね」と言いながら温かいタオルでお尻を拭いていたところ、「さっきはごめんな」と静かにつぶやくDさんの声が聞こえた。

●ホームヘルパーCの気づき

> Dさんは、排泄の世話までされるようになったらもう生きていても仕方がないと思われたのだろうか。人間には最期まで豊かな感情があり、悲しみ、辛さ、情けなさ、といった感情を介護福祉職とともにのり越えようとする。しかし、時にはこうしたどうしようもない気持ちになることもある。いろいろな願いや思いが、身近な介護福祉職にふと漏らされるときがあり、その気持ちに気づくことができれば、Dさんはどんなにか救われることであろうか。

2) 気づき方や感じ方は十人十色

利用者に個別性があるように、私たち（介護福祉職）の気づき方や感じ方、理解の仕方も十人十色である。それぞれの人生の歩みを反映して、気づき方や感じ方、理解の仕方には特徴（ゆがみ・バイアス）がある。自分の癖を知っておくなど、自分のもののとらえ方の傾向を知ろうと意識しておくとよい（自己覚知）。

演習や話し合いなどは、自分の気づき方や感じ方、理解の特徴を知る機会となるであろう。これらを自分には見えにくい自分自身の理解の仕方についての特徴や長所・短所に気づく機会、自分でも気になっていた点の解決策を発見したりする場として大いに活用すれば、おそらく気づきの多い時間となるであろう。

II Aさんの願いや思いをくみ取る

1 Aさんの願いや思いに気づく

第2章－Iで見てきたように、人間はいろいろな側面をもっている。介護福祉職は利用者とのかかわりのなかから願いや思いをくみ取ることが必要となる。

在宅生活を継続しているAさんの事例を通して、Aさんの願いや思いを考えてみよう。

● 事　例

> Aさん（83歳　男性）は、一戸建ての自宅で一人暮らしをしている。
>
> 3年前に変形性脊椎症（**27ページ参照**）を発症し、腰痛のため立つことができず、膝をつき四つ這いになり移動している。週3回のホームヘルプサービスと毎日1回の配食サービス、月1回の訪問リハビリテーションを利用しながら在宅生活を続けている。
>
> 食事は、配食サービスの弁当にレトルト食品などを足し、ポットで食品を温めるなど自分なりに工夫し、布団の上で腹臥位のまま食べている。1日のほとんどの時間は、2階の居室で過ごし、トイレには這って行く。新聞は、1階の郵便受けまで取りに行き、階段は這いながら昇降している。敷きっぱなしの布団の周囲には、テレビ、ポット、ラジオ、めがね、灰皿、手作りのクッションなどが自分が使いやすい位置にところ狭しと並べられ、また、部屋の四隅には移動時に使う紐がかけてあり、自分なりに工夫をしている。
>
> 以前は妻と子ども3人の5人の大家族であったが、現在、妻は高齢者福祉施設に入所し、末娘は障害者福祉施設に入所、他の子どもたちは他県で生活している。
>
> かつて大企業に勤めていたAさんは、株が趣味で、株の動きを見れば、世の中の動きがわかると言い、毎日、新聞とラジオで株価の動きをチェックしている。
>
> 妥協を許さないAさんは、ホームヘルパーとの関係がうまくいかず、この1年で6人のホームヘルパーが交代をしている。現在のヘルパーは「Aさんのペースを崩さない」「自分でできることは自分で行う」介護を提供しており、信頼関係を構築している。

出所：『ホームヘルパー養成研修実技講習指導者用ビデオケアマネジメントの技術応用編I』社会開発センター、1995年（このビデオ内容をもとに編集した）

第2章　利用者の願いや思いに気づく

① Aさんの住まい（見取り図）

一戸建ての住居。
間取りは図のとおりである。1階には庭もあり、ゆったりとした構造になっている。2階は押入れをはさんで2部屋ある。

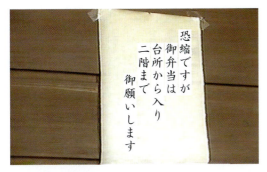

② 配食サービス業者などへの貼り紙

1階にある宅配業者向けの貼り紙。Aさんは2階で生活しているため、宅配業者などへ「2階まで届けてほしい」と案内の貼り紙を1階の玄関に貼っている。

③ 這いながら新聞を2階へ運ぶ

新聞は2階まで配達してもらえないため、階段を這いながら1階まで取りに行く。

④ 移動の様子

室内は這って移動する。その際、杖を欠かさず持つ。杖は前方にあるものをどけたりするのに役立てる。

⑤ 紐を使って移動

部屋にはいくつかの紐が柱などにくくり付けられている。その紐をつかんで、背中を使って移動することもある。

⑥ 手作りのクッション

タオルと紐を使って自分の姿勢に合うようなクッションを自分で作っている。

⑦ 流し台で食器を洗う

２階奥の流し台まで膝歩きで移動し、使った茶碗やコップなどをきれいに洗う。

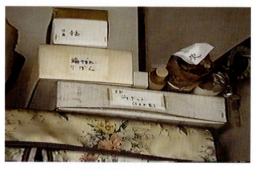

⑧ 整理された家族の衣類

家族の衣服や掛け軸などがきれいに整理されている。

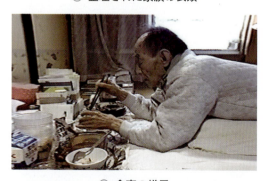

⑨ 食事の様子

自作のクッションなどで食べやすい姿勢を保持し、食事をする。

⑩ レトルト食品をポットで温める

２階にはガス台がないため、火は使えない。
レトルト食品をポットで湯煎するなどの工夫をしている。

第2章　利用者の願いや思いに気づく

1）Aさんの言葉や表情・様子から感じたことや思ったことを書いてみよう

ここでは、「Aさんと介護福祉職のやりとり」の場面を事例に演習を行う。
次の質問に対し、あなたが感じたことや考えたことをワークシート内に記入しよう。

（1）Aさんは①の言葉を、今あなたに向かって言っている。どのように感じるか。

Aさんの言葉	Aさんの表情・様子
①非常にみじめな、哀れな生活です。	布団に寝た状態で上を見て話す。 目の光もない。 介護福祉職と目を合わせない。

「非常にみじめな、哀れな生活です」という言葉に対して
1．あなたの気持ち
2．Aさんは、なぜそう言ったのか
3．あなたは、Aさんにどのような言葉を返せるか

23

（2）ロールプレイをしてみよう

次ページに示すのは、「Aさんの言葉や表情・様子から感じたことや思ったことを書いてみよう」の「①非常にみじめな、哀れな生活です」のつづきである。

Aさんと介護福祉職とのやり取りを実際に声に出して、それぞれの役割を演じてみよう。

〈進め方〉
①二人一組になる。
②Aさん役と介護福祉職役を決める。
③それぞれの立場に立ち、二人の言葉のやりとりを声に出して読む。
④役割を交代し、二人の言葉のやりとりを声に出して読む。
　　※Aさん役の人は、Aさんの言葉だけでなく表情・様子にも留意して読む。

〈ロールプレイで感じたことや思ったことを書いてみよう〉

Aさんは、最初に、「みじめで哀れな生活だ」と言っているが、③「（略）これでいいんだ」⑤「（略）僕は自分なりにやっているんですよ」とも言っている。これらから、Aさんのどんな気持ちが伝わるか。

Aさんは、自宅で生活することをどう思っているのだろうか。

Aさんの紹介部分だけを読んだときと、Aさんの言葉に寄り添いながら耳を傾け、向き合った後でのあなたのAさんへ対する気持ちには何か変化があったか。

第2章 利用者の願いや思いに気づく

Aさんの言葉	Aさんの表情・様子	介護福祉職の言葉
①非常にみじめな、哀れな生活です。	布団に寝た状態で上を見て話す。目の光もない。介護福祉職と目を合わせない。	じゃあどんなふうだったら哀れじゃないんですか。こういうふうに本当は生活したいのという、まあ夢というか理想と申しましょうか、そういう生活とはどのように現在から離れているか……。
②たとえば、上げ膳据え膳で全部やってもらえば自分は楽だ、これはいいなと思うけど、もしそれをやればこれだけの回復はできなかったでしょうね。	少し明るい感じで話している。	はい。
③だから、他人に面倒を見ていただかなかったこと、入院しなかったことイコール自分の回復力が使えたんじゃないですか。ですから僕自身はそんなに、あー哀れだなとは思っても、うん、これでいいんだという感じですよ。	饒舌である。	うーん。
④医者からも言われたんです。本当なら入院だと。だけどもそれをやると治った時点で車いすになるんではないか。で、それが嫌なんだったら入院しないで自分にできることは何でも自分でやりなさいと。	声に張りがある。	はい。うーん。
⑤もし僕が車いすだったらここで生活できません。そうでしょう、するとどっか、見ず知らずの所へ行って生活しなければならないけれども、それは困りますからね。この家をたたんでどっか行くということ、この生活が破壊されはしませんか。ならば一か八かでやる。このまま頑張って、それで、だから、僕は自分なりに、まあやっているんですよ。	介護福祉職の目をみつめ、しっかりと話している。	
⑥それで今、クッションはこういうのが良いか。この程度が良いか、色々作ってみるわけ。	（クッションについて：Aさんは腰痛を緩和させるためにクッションを工夫している）	うーん。うーん。なるほどね。で、体のところに当てるわけですね。こうすると楽だと。
⑦うん。だけど、それ腰に当てた時が楽なのか、当てた後が楽なのがいいのか。場所をどこにやったらいいのか。そういったようなことがよくわからないんだ、僕は。		これ、ご自分でお作りになったんですか？
⑧作るなんてなんでもないですよ。タオルを中に入れてこうやって結わいただけですから。		ええ。この体勢でやるのは大変でしょう？

2　Aさんの思いをどうとらえたか

　Aさんの事例を通してどう感じただろうか。
　Aさんは気難しくて頑固な老人だっただろうか。Aさんは立って歩くこともできない状況で介護してくれる家族もいないこの家で、なぜ一人暮らしを続けているのだろうか。
　住み慣れた我が家に住み続けたい。だれしもそう思うであろう。しかし、一人で出かけることもできないし、訪ねてくる人といえば、お弁当を届けてくれるボランティアか、週3度訪問するホームヘルパーくらいである。施設に入所すれば、食事も1日3回温かいものを食べることができる。身の周りのことでできないことがあれば、いつでも手を貸してくれる人がいる。施設に入所したほうが、安定した生活が送れるのではないかと考えた人もいたのではないだろうか。
　実は、Aさんはわがままだけで今の生活を続けているのではない。自分がこの家を守らなかったら障害をもつ末娘の帰る家がなくなると思い、この家で生活を続けているのである。また、介護することはとても大変なことだ。妻を介護したからその大変さはよくわかっている。そんな苦労を子どもたちにはさせたくない。子どもたちには子どもたちの生活がある。自分が頑張るしかないと考えているのである。
　また、立って歩くこともできないAさんが2階で生活しているのはなぜか。理由は、以前泥棒に入られたことがあり、怖い思いをしたくないという思いからである。ホームヘルパーがこの1年で6人も交代したことについては、ただわがままを言ってホームヘルパーを困らせているのではない。ホームヘルパーが、Aさんの体調を気遣うことなく天気がいいからといきなり窓をガラガラと開ける。玄関からお弁当を運んできて欲しいと頼んでもサービスの中に食事の介護は入っていないと弁当を運んでくれない。掃除はあなたの部屋だけで他はできない。あなたの部屋は物がいっぱいで掃除のしようがない。こんな古い掃除機は使ったことがないので使えないと言われたり、掃除機を掃除してくれないなどがあったからである。ただホームヘルパーを代えるだけではなく、Aさんの思いに耳を傾けることも必要であろう。
　人はいろいろな面をもっている。Aさんの話をじっくり聞いてみると、家族のことを思い気丈に振舞うAさん、曲がったことが嫌いで、理論家のAさんの一面が見えてくるのではないだろうか。

3　気づきを介護過程の展開に生かすために

　この章では介護過程を展開するための視点、利用者を深く知り、理解することの大切さについて学んだ。
　利用者理解の大切さ、表面的な理解ではなく裏側に隠された本音に気づくことの大切さについて「気づく」ことはできただろうか。気づくということは、利用者に寄り添っていくことから始まる。気づくということは、その人を見つめているということであり、その人の立場に立って考えてみるということである。
　しかし、相手の立場に立つということは容易なことではない。私たちは、自分の体験してきたことを通して物事の価値を決め判断している。利用者の願いや思いに気づくためには、まず

自分のもののとらえ方の傾向を知り（自己覚知）、そのうえで先入観をもつことなく利用者の言葉に耳を傾けることが求められる。また、私たちが出会う利用者は、それぞれ違った場所で生まれ、さまざまな育ち方をし、さまざまな人間関係のなかで、それぞれ違う人生経験を積み、それぞれ考え方をもっている。そして、その考え方はいつまでも同じではなく、願いや思いも日々変化している。そのため、常に利用者に寄り添い、利用者を理解しようと努めることが求められるのである。

利用者理解に終わりはない。介護福祉職は介護福祉の専門職として、一人ひとり異なる利用者の変化を注意深く観察し、「気づく」ことを常に意識し、その気づきを介護過程の展開に活かしていこう。

*Aさんは、その後自分で杖をついて歩けるまでに回復されましたが、特別養護老人ホーム入所後に永眠されました（享年87）。心より哀悼の意を表します。

【変形性脊椎症】
脊椎と脊椎の間にある椎間板が変性して薄くなったり、骨棘（こっきょく：骨のとげ）とよばれる椎体縁の骨増殖や椎間関節の変形性関節症がみられる。
原因は、脊椎分離症のような椎骨の後方部分の構造欠陥、重労働の職業や激しいスポーツ、長時間にわたる同一姿勢などによっておこる椎間板への過剰な負荷である。喫煙も髄核の栄養に影響するといわれる。椎間板の栄養を保つには適度な運動と、横になるなど椎間板への負荷を減少させる姿勢が大切である。
椎間板が変性するとショック吸収機能としての働きが悪くなり、過剰な骨棘の形成がみられるようになる。この骨棘や変性した椎間板組織が神経を圧迫すると、下肢の痛みやしびれ、脱力、筋力低下、麻痺などの神経症状のほか、排尿困難、便秘などをきたす。最も起こりやすいのは腰椎で、腰部脊椎症（腰椎症）とよばれる。

【参考文献】
1）遠藤健司・金岡恒治編著『最新腰痛症ハンドブック』シュプリンガー・ジャパン，2008年
2）『ビッグ・ドクター家庭医学大百科』法研，2004年
3）『ホームヘルパー養成研修実技講習指導者用ビデオケアマネジメントの技術応用編Ⅰ』社会開発センター，東京，1995年（2011年3月絶版）

第3章 「課題解決思考」について理解する

　介護過程は「課題解決思考」という考え方の手順を「方法」としている。「課題解決思考」はものごとを考えるときや解決方法を導くときに、あらゆる領域で使用されている方法である。そのため、介護過程を学ぶ前に、課題解決思考とは何かを理解する必要がある。第3章は、身近な生活場面を例にしたワークを通し、課題解決思考について理解することを目的とする。

I　日常場面での課題解決 —何かをする前にしていること—

　ここでは、「アルバイトを探す」という具体的場面を例に考えてみよう。

ワーク3−①　アルバイトを探す前にしていること

〈ワークのねらい〉
　私たちは、何かをしようとする時には、実際に行動する前にどのようなことをするだろうか。まず考えるための材料を探したり、整理するであろう。ここでは、「アルバイトを探す」ためにどのような情報が必要なのか、またなぜその情報が必要なのかを考えてみよう。

〈課　題〉
　（例）あなたは、介護福祉士養成校に入学して3ヶ月が経ったところである。
　　　　学校にも慣れてきたので、そろそろアルバイトをしたいと考えている。そのため、アルバイト情報誌を見たり、アルバイトをしている先輩から話を聞こうと思っている。「アルバイトを探す」時にはどのような情報が必要か。

〈ワークの方法〉
①「必要と思う情報」と、「情報を必要だと思う理由」を考え、記入シートに記入する。
②2～3人グループになり、記入シートの内容を報告し、他者との考えを比較する。

◆ワークシート3−①

「アルバイトを探す」ために必要と思う情報	情報を必要（情報を知りたい）と思う理由

ワーク3-② 情報を集めた後にしていること

　いろいろ情報を集めた結果、学校の先輩が福祉関連施設でアルバイトをしていることがわかった。アルバイトの時間は夕方17時から20時の間で、内容は食事の後片付けを手伝う仕事だそうだ。
　アルバイトをやっていけるのだろうか、実習で休まなければならない時は理解してもらえるのだろうか、学業とアルバイトを両立させることができるのだろうか……いろいろ不安はあるが、やってみようと思っている。

〈課　題〉
学業をしながらアルバイトを行うために、どのようなことに気をつければよいか。

〈ワークの方法〉
①学業をしながらアルバイトを行うために「気をつけたいこと」と、「気をつけたい理由」を考え、記入シートに記入する。
②2～3人グループになり、記入シートの内容を報告し、他者との考えを比較する。

◆ワークシート3-②

気をつけたいこと	気をつけたい理由

※「夕食をつくる」「夏休みに旅行に行く」「家族に○○について相談する」などの場面においてはどのような情報が必要か、またその理由を考えてみよう。

◆ワークのまとめ

　私たちの日常は課題解決の場面にあふれている。ワークを経験して、「課題を解決する」場面は、私たちにとって日常的なことであると気づくのではないだろうか。

　今までのワークの内容を「アルバイトを探す」を例にして整理すると、次のようになる。

1. ワーク３－①で、アルバイトを探す時に考えた「必要と思う情報」は、〈情報収集〉に関する内容である。
2. ワーク３－②で、情報を集めた後に考えた「気をつけたいこと」「気をつけたい理由」は、〈情報を分析・解釈〉した結果出てきた内容である。
3. 「アルバイトを探す・始める」という課題を解決するためには、〈情報収集〉と、〈情報の分析・解釈〉が関連している。

Ⅱ 「課題解決思考」の概要

　さて、「アルバイトを探す・始める」は１つの課題解決であったが、そこにはたとえば「海外旅行に行きたい」という願いがあり、しかし「海外旅行をするためのお金が無い」という問題が生じていた。そのため、旅行代金を貯めるためにアルバイトをしたいと考えた。現時点での課題は「アルバイトを見つける」であり、「お金を貯める」でもある。めざしている目標は「アルバイトをする」ことであり、最終的な目標は「お金を貯めて海外旅行をする」こととなる。

　日常生活における目標達成や、課題解決の場面を細かくみてみると、時間・費用・場所など、さまざまな制約や条件の影響を受けている。たとえば、アルバイトをしたいができる時間が限られている、アルバイトをするための準備には費用がかかる、場所が遠ければできない……などのさまざまな条件や制約がある。

　日常生活で課題を解決し目標が達成できるのは、私たちが時間・費用・場所などのさまざまな制約や条件を考慮したうえで情報収集を行い、情報を分析・解釈して必要なことを計画し、実行しているからである。もし、必要な情報が得られなかったり、分析・解釈・計画をあやまったり、実行しなかったりした場合は、目標を達成できなかったり、目標を達成するのに時間がかかったりする。

　今まで「問題」「課題」「目標達成」という言葉を使用してきた。ここで「問題」「課題」「目標」という言葉について整理しておく。

問題	解決を要する事項。何かしらの原因により起こった、あるべき姿とのあいだのギャップ。
課題	解決しなければならない問題。はたすべきこと。あるべき姿とのギャップを埋める方法。問題を解決するために、行動を起こすことを意思表明したもの。
目標	めざすもの。実現したときの姿など具体的なもの。 目標は、長期的な（大きな）目標と、短期的な（小さな）目標がある。

第3章 「課題解決思考」について理解する

ワーク3−① ②を例にしてまとめてみると、本人の願い、あるべき姿を「海外旅行に行く」とした場合、行くために〈解決しなければならない問題〉は、「海外旅行に行くための費用が無いので行けない」ことであり、このギャップを埋める方法として、起こすべき行動は、「お金を貯める」という〈課題〉となる。〈長期目標〉は、「海外旅行に行く」ということであるが、〈短期目標〉は具体的な行動目標として、「アルバイトをする」ということになる。

また別の段階から考え、本人の願いを「アルバイトをしてお金を貯めたい」という形でとらえると「アルバイトが見つからないのでできない」ことが〈問題〉であり、「アルバイトを見つけてアルバイトをする」ことが〈課題〉となる。〈長期目標〉は「アルバイトをしてお金を貯める」ことであり、〈短期目標〉は「アルバイトを見つける」ということになる。

このように、一つの状況をどの位置から考えるかによって、同じ内容が「目標」であったり、「課題」となったりする場合がある。

さてここまでの説明をまとめると、「課題解決思考」とは、①本人が望む生活、どのように生きていきたいかの、願いや希望を明確にする、②現状とのギャップを埋めるために情報収集、分析・解釈から課題を明確にする、③課題解決のために目標を設定する、④その目標に向かって具体的に計画を立て実践する、という一連の思考過程であるということがわかる。

※参考資料

用語の説明	
情報	事物・出来事などの内容・様子。また、その知らせ。
整理	乱れた状態にあるものを整えて、きちんとすること。
分析	ある事柄の内容・性質などを明らかにするため、事柄を構成する要素・条件などに分けて解明すること。
解釈	物事や行為などを判断し理解すること。または、その説明。
統合	二つ以上のものを合わせて一つにすること。
問題	あるべき姿と現状のギャップであり、取りあげて討論・研究してみる必要がある事項。
課題	解決しなければならない問題。果たすべき仕事。 問題を解決するために行動を起こすことを意思表明したもの。
目標	めざすもの。そこに行き着くように、またそこから外れないよう目印とするもの。
主観	対象について認識・行為・評価などを行う意識のはたらき、またそのはたらきをなすもの。自分ひとりだけの考え。
客観	主観の認識・行為の対象となるもの。特定の認識作用や関心を超えた一般的ないし普遍的なもの。主観から独立して存在するもの。

（参考文献：大辞泉）

Ⅲ 「課題解決思考」を体験する

1 ワークを通して「課題解決思考」を具体的に体験してみよう

〈ワークのねらい〉
　このワークの第一の目的は、「課題解決思考」の流れを皆さんが理解でき、「介護過程」の学習への階段を上っていけることにある。
　つまり、「このように考えていけばよいのだな」と理解できることが目的である。そのためにワークは、皆が理解しやすいような工夫を行った（注：34ページ参照）。よって、このワークで実施する流れは「介護過程」そのものではない。

〈ワークの方法〉
1．「情報の整理」
　・学生の状況として、さまざまな情報が1．～10．の内容で記されている。
　・1．～10．の情報は、どのような内容なのか？　情報をよく理解しよう。
　・1．～10．が含んでいる情報の意味を理解したうえで、○○に関する情報、△△に関する情報のように、情報を分類してみると情報の整理がわかりやすくなる。
　・記入シートの「情報の整理」の欄に、分類した情報ごとに情報をまとめる。
　※ヒント
　　①似たような情報を集める。事例を読み、まずは自分で整理方法を考えてみよう。
　　　たとえば次のようなグループに整理してまとめることができる。
　　　　★情報を、内容・種類に留意して整理する。→試験の内容、試験に向けた勉強、試験前の自分の状況、試験当日の状況、試験に対する意欲など。
　　　　★情報を、時間の流れでまとめる。→試験当日前、試験当日、試験中など。
　　②情報に対する「解釈」は書かない。事実を書く。
　　　事実→あわてたまま試験に臨んだ。
　　　解釈→あわてたまま試験に臨んだから失敗した。
2．「情報の整理」で分類した内容について、情報の意味や関連性を考え、「情報の分析・解釈・統合」の欄に記入する。
　※ヒント　この事例の場合は、情報の意味や関連性を考えることは、試験に落ちた状況や理由を考えることにつながる。
3．「情報の分析・解釈・統合」したことにより、試験に落ちた状況や理由がわかってきた。これを踏まえて、「解決すべき課題（目標）」を設定する。
　　・このワークでは、「再試験に合格する」をあらかじめ設定した。
4．「再試験に合格する」という「課題（目標）を解決するための目標」を設定する。
　※ヒント　試験に落ちた状況や理由をふまえ、再試験に合格するための課題（目標）を考える。
5．「課題（目標）を解決するための目標」を成功させるために、「情報の分析・解釈・統合」を踏まえて「具体的な計画」を立てる。
　　なぜ、「情報の分析・解釈・統合」を踏まえるかというと、「具体的な計画」を考える根拠やヒントがあるからである。

　3～5人グループになり、互いの考えを報告したり、他の人とノートを交換して、いろいろな考え方があることを知ろう（考え方は1つではない）。

第3章 「課題解決思考」について理解する

◆小林さんの状況（情報）

　小林さんは、介護福祉士養成校の1年生である。先日、生活支援技術の実技試験があった。しかし、適切に実施できず、不合格になってしまった。
　実技試験の再試験を受け、合格しないと先に進むことができない（進級できない）ので、どのようにしたら合格できるかを考えている。小林さんは、次のような状況だった。

1. 実技試験の範囲は、1年間学んできた内容である。

2. 模擬問題が提示され、ポイントについても教員から説明されていた。

3. 試験2週間前から実習室で自由に自己学習できるような体制が整っていた。

4. 最初はテキストやノートを確認し、手順・注意事項をまとめようと考えていたが、なんとなくできそうな気がして目を通しただけで終えた。

5. 模擬問題のポイントをふまえて実習室で練習をしたほうがよいかなと思いながらも、アルバイトの時間を調整できなかったので一度も練習しなかった。

6. 試験当日に寝坊してしまい、ぎりぎりで学校に到着した。試験の手順などの説明を落ち着いて聞くことができず、あわてたまま試験に臨むことになってしまった。

7. 試験問題の事例をじっくり読み、技術の手順や注意点を頭のなかで整理し、組み立てなどが不十分なままテストに臨んでしまった。

8. 利用者役の人に声をかけて説明し、了解をとることがほとんどできないばかりでなく、利用者の状況把握があいまいで、自分のペースで進めてしまい、プライバシーへの配慮も不十分であった。無駄な動きが多く時間内に終えることができなかった。

9. 人の役に立つ仕事がしたいと思ってこの学校に入学したときの気持ちは、これまで学んできて変わっていない。なんとか卒業したい。

10. 勉強が大切だとはわかっているけれど、遊びもしたい。それにはお金が必要だからアルバイトは続けたい。

事例の状況からみて、小林さんは「卒業したい」と思っている。そのためには「再試験に合格する」ことが必要である。この場合、解決すべき〈課題〉として考えられる内容は、「再試験に合格する」ことである。(下記ワーク３－③参照)

　しかし、「解決すべき課題」がはっきりしていない場合も多くある。たとえば、「卒業したい」と思ってはいるがなんとなく勉強が手につかない、学校を休みがちであるなど、このままの状態では卒業が難しい状況であったとする。

　その場合、原因が自分の気持ちの問題なのか、授業を理解できないからなのか、学校での友人関係によるものなのかなど、まず問題となっていることを見極め、そのために何をするべきなのかを考えていくことから始める。つまり、今の状況が理解できず、課題が明確でない場合は、何が課題なのかの検討が必要になる。

ワーク３－③　小林さんの状況を通し、課題解決思考を体験する

〈ワークを進めやすくするために工夫している点〉

注１）現実には、課題や目標が最初からはっきりしているわけではなく、課題や目標も１つでない場合が多い。**このワークでは、「再試験に合格する」という〈課題〉をあらかじめ設定している**が、これは、学習者が「課題解決思考」の流れを体験しやすくするためという学習上の理由からである。
（第４章・第５章で学ぶ介護過程は、最初に課題を設定するわけではない。）

　ワークは上記の設定で行うが、ここでの注意点は下記の通りである。
　　①現実には、〈課題〉〈目標〉が、最初からはっきりしているわけではない。
　　②〈課題〉〈目標〉は、情報の〈分析・解釈・統合〉のプロセスを経て明確になり、設定される。

注２）ワークの「記入シート」には、一番左に「**項目**」の欄を設定した。これは、「**情報の整理**」欄に情報を整理するときに関連する情報をまとめておくと、次の「**情報の分析・解釈・統合**」を考えやすくなると思われるからである。

　「記入シート」には、〈試験の内容〉という項目を例示している。これは「小林さんの状況」として書かれた情報をよく読み把握した結果、小林さんの現在の状況や課題を整理するためには〈試験の内容〉を整理することが必要だと考えられたからである。つまり、必要な情報を、似たような情報や関連する情報同士で集め、情報の整理・分類を行うために「項目」の欄を設定している。

注3）**「情報の分析・解釈・統合」**を行う方法は、大きく分けて2つある。
　　①情報を整理・分類した「項目」ごとに、その情報に関する分析・解釈・統合を行う方法。
　　②情報を整理・分類して記述した全体に目を向け、情報同士の関連性を分析したり、情報を統合して全体状況を理解する方法。

①の場合は、「項目」ごとにマス目をつくって記してもよい。
②の場合は、どの情報とどの情報から「分析・解釈・統合」したかがわかるように、左の「情報の整理」欄から矢印をつけて、「分析・解釈・統合」の道筋を視覚化するのも1つの方法であろう。

◆ワークシート3-③

項目	情報の整理	情報の分析・解釈・統合	課題
試験の内容			再試験に合格する

課題を解決するための目標	具体的な計画

2　課題解決思考の道筋

　課題解決の方法は、ワーク3－①②のアルバイトを探す場面や、ワーク3－③再試験に合格するで学んだように、大きくて抽象的な課題・目標であっても、より具体的で小さな課題・目標であっても、解決の考え方の道筋には共通性がある。その道筋は、「課題解決思考」と呼ばれる。これを図式化したものが図3－1である。

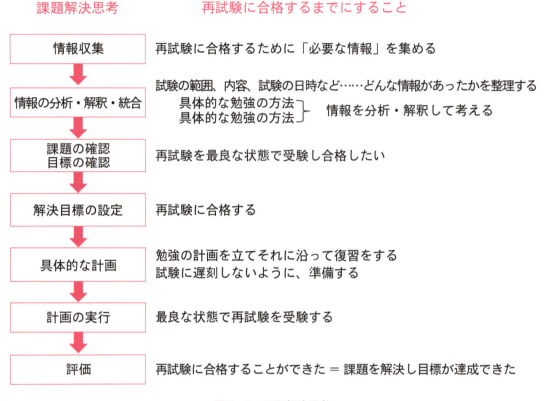

図3-1　課題解決思考

Ⅳ　介護場面と課題解決思考

　今までのワークを通し、課題解決思考は、私たちの生活でも身近な方法であることがわかった。これと同じように、普段の介護の実際場面でも同じようなプロセス（あるいはアプローチ）で、介護を行っている。ふだんの介護場面を、「トイレ誘導」という場面で下記に示した。

> 　トイレの場所がわからなくなり、周りを見回している利用者がいたとする。
> 　利用者の体が左に傾いている。介護福祉職は、静かに右側に近寄り、声をかけ、トイレまで一緒に行くことを伝える。そして利用者のペースで歩けるように注意しつつ、見守りながら誘導する。

第3章 「課題解決思考」について理解する

　以上のような場面を第三者が見たり聞いたりした場合、第三者が客観的に確認できるのは「声をかける」「伝える」「誘導する」という介護福祉職の行為だけである。それでは、"介護福祉職が頭の中で考えている"ことは何であろうか。

　介護福祉職が頭の中で判断していることは、言葉でいちいち表現されないことがほとんどである。しかし、実は頭の中では、利用者の様子や言動から「トイレの場所がわからないのであろう」「一人では不安定」などの情報をキャッチし、「歩行を見守りながらトイレへ誘導する必要がある」と、介護福祉職は判断している。第三者には介護福祉職の行為だけが見えるのであるが、介護福祉職の行為は、介護福祉職が「判断した」結果によるものなのである。

　介護の実際において、介護福祉職の頭の中だけで行われることの多い判断行為を、図中に※印をつけて示した。※印をつけた箇所をみると、実際の介護では実に多くのことを判断していることがわかる。重要なことは、この介護場面の流れは、「課題解決思考」と同じ過程をたどっている点である。

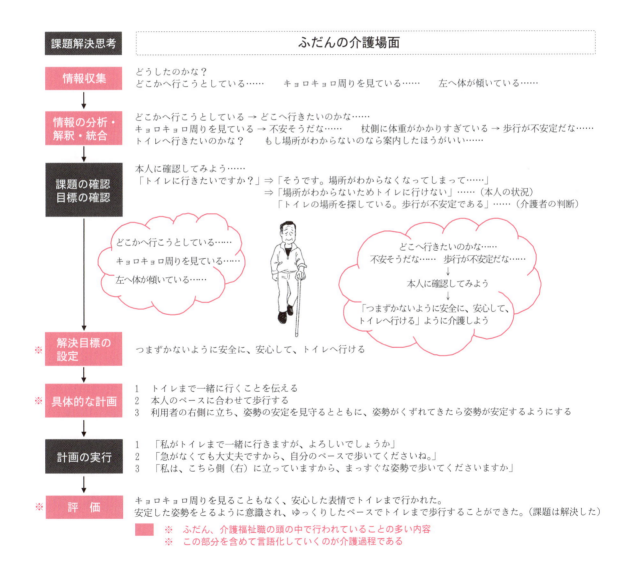

第4章 介護過程を理解する

I 介護過程とは何か

　介護過程とは、利用者が望む「自分らしい生活」「よりよい生活」「よりよい人生」を実現するという介護の目標を達成するために、利用者の生活課題を介護の立場から系統的に判断し、生活課題を解決するための計画を立て、実施し、評価する一連の過程をいう。

1　介護過程は、「課題解決思考」を「方法」とする

　今まで学習してきた「課題解決思考」は、ものごとを考えるときや、解決方法を導くときに、あらゆる領域で使用されている方法である。そして「介護過程」は、「課題解決思考」の思考手順を「方法」としている。
　利用者の支援を考えるとき、「介護過程」は客観的で科学的な方法と考えられている。その理由は、以下の通りである。
　①介護過程は、課題解決思考という一定の「方法」にそっている。
　②利用者の主観的情報（事実）や、介護福祉職が観察した客観的情報（事実）に基づき、論理的・体系的に考えることができる。
　③介護過程の各段階（アセスメント、介護計画立案、実施、評価）で、介護における専門的知識・技術を活用し、根拠に基づく実践を行うことができる。

2　介護過程の出発点は「人間関係」

　人と人とのかかわりは「出会い」がなければ始まらない。また、利用者と介護福祉職の「人間関係」は介護の内容に反映される。介護過程の出発点は「人間関係の形成」である。
　介護を行うために「利用者の情報収集」を行おうとする場合、その方法や内容には既に介護福祉職自身の価値観・考え方・感じ方・知識・経験・関心のありようなど、さまざまな介護福祉職側の要因が影響を与えている。なぜなら、第1章で学んだように、人の見方はその人によって違っている。一方、人をみる見方は同じでも、利用者と介護福祉職の関係性の違いによっては、互いが表出するものが違ってくる。
　もし、「かかわりは必要ない。さあ今から情報収集をしよう」ということから始まる「情報収集」があるとすれば、それは人間と人間の関係を必要としない仕事（場面）となる。また、「かかわり」が一方的であれば、あるいは「関心」が利用者に向いていなければ、利用者主体というよりは支援者主体の介護になってしまうであろう。
　出会った時から「かかわり」は始まっており、毎日の出会いのなかで「かかわり」が行われている。そして、そのかかわりのなかで多くの情報が収集されているからこそ、さらに私たち

はかかわることができるのである。「情報収集」の前段階には「かかわり」があり、そのかかわりは「人間関係の形成」を基盤にしたものでなければ、一方的で利用者の意思を無視した介護になってしまう。

3 介護過程を展開する目的

　介護過程を展開する目的は、利用者一人ひとりが望む自分らしい生活や、よりよい生活・人生の実現にある。介護福祉職は個々の利用者を理解し、介護支援を行う。介護過程を展開することにより、利用者本人はもとより、家族や介護従事者、関連職種の人々全てが生活課題を共通理解したうえで協同することができる。また、介護過程の展開を通して得られたアセスメントや介護計画、介護計画の実施内容や評価など、具体的な内容を記録しておくことは、継続的な介護を実践することにつながる。

4 介護過程の定義（概念）

　先述したように、介護過程とは、利用者が望む「自分らしい生活」「よりよい生活」「よりよい人生」を実現するという介護の目標を達成するために、利用者の生活課題を介護の立場から系統的に判断し、生活課題を解決するための計画を立て、実施し、評価する一連の過程をいう。また、その支援が適切であるかを常に評価し判断していく必要がある。

　これらを踏まえ、本書では介護過程の定義（概念）について、以下のように定義した。この定義（概念）に含まれる視点は4つある。

1）介護過程の定義

> 介護過程とは、
> 利用者が自分らしい生活を送るために、介護福祉職が利用者と協同していく支援過程

2）介護過程の定義（概念）の視点
（1）生活の主体者は利用者である。介護過程は利用者主体で行うため、定義の主語を『利用者』とする。
（2）支援において必要な視点は「その人らしい生活」である。これを利用者主体の表現にすると、『自分らしい生活』となるため、この用語を使用する。
　　『自分らしい』は、「利用者が持てる力を発揮」することだけでなく、願い・希望・自己実現・より良い状態・望む生活などの志向性、生活課題・ニーズを含む、包括的な表現である。
（3）介護過程は利用者の生活支援のための方法であり、介護福祉職と利用者が対等・協同である関係を基本とする。
　　①『協同』は、対等やパートナーシップといった利用者と介護福祉職の関係性のあり方を表現して使用する。〈協力して働く〉と書く「協働」は、チームで協力して働

く意味で使用される場合が多いので、〈協力して同じ〉と書く、『協同』と区別して用いることとした。

②『協同』は、介護の実践原則である「利用者主体」「利用者の参加」を保障するという意味を含んで使用する。

③定義のなかに『介護福祉職が』と主体を示すことにより、介護過程を介護福祉職が展開する専門性として表現している。

（4）『支援過程』の語には次の2つに意味がある。

①生活主体者である利用者を支えるという意味で『支援』を使用する。

②『過程』という言葉は、介護過程には段階があることや、支援が時間という過程のなかで行われていることを含んで使用する。

Ⅱ 介護過程の構成要素

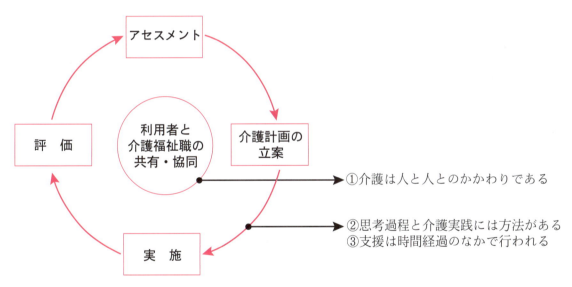

図4-1　介護過程の概念図

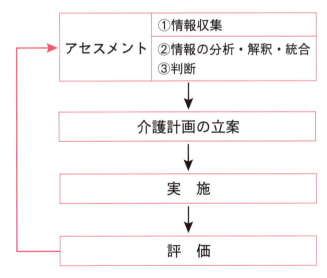

図4-2　介護過程の構成要素

図4-1は「介護過程の概念図」である。介護は人と人とのかかわりであり、時間経過のなかで、「介護過程の構成要素」（図4-2）を段階的に進めるものであることを示している。

　本書では、介護過程の構成要素を「アセスメント」「介護計画の立案」「実施」「評価」の4つとしている。さらに、「アセスメント」を、①情報収集、②情報の分析・解釈・統合、③判断としている。

　初めて介護過程を学習する人は、アセスメントにおける「①情報収集」と、「②情報の分析・解釈・統合」「③判断」を混同しやすい。「①情報収集」は事実であるが、②③は介護福祉職が考えたことである。つまり、事実と自分の考えを混同しないために、本書では①と②③を分けている。

　また、アセスメントは、情報を分析・解釈・統合するだけでなく、その分析・解釈・統合の結果を根拠に、介護課題や介護の方向性を「判断」することが含まれる。よって、「③判断」をアセスメントのなかに位置づける。

1　アセスメント

1）情報収集
（1）何を情報収集するか

　ここでは、介護福祉職にとって必要な「情報収集」の内容について述べる。介護実践現場では、その施設・機関での考え方や利用者の特徴を考慮して、現場の状況に即したさまざまな情報収集シートを使用している。情報収集シートを使用する理由は、どの利用者に対しても、どの介護福祉職であっても同様に適切な情報収集ができるようにするためという目的がある。

　何を情報収集するのか、「情報収集の内容」については、介護サービスの種類、利用者の状況によって違いがある。ここでは、情報収集シートの内容例として、図4-3と表4-1を示す。

①ICF（国際生活機能分類）の生活機能に基づいた情報収集の内容

　ICF（International Classification of Functioning, Disability and Health）は、直訳すると「生活機能、障害と健康に関する国際分類」である[1]。2001年5月、世界保健機関（WHO）総会において採択された。

　ICFにおける生活機能と障害の構成要素は、独立しているが互いに関連した4つの構成概念（『心身機能・身体構造』『活動・参加』『環境因子』『個人因子』）によって評価される[1]。これらの構成要素と、その相互作用の状況は、図4-3に「ICFの構成要素と構成要素間の相互関連図」として示した。ICFの特徴は、その評価に「環境因子」の観点を加えたことである。

　ICFにおける「生活機能」とは、『心身機能・身体構造』『活動と参加』の全てを含む包括用語である。そして「障害」とは、機能障害（構造障害を含む）、活動制限、参加制約の全てを含む包括用語として用いられている[1]。

　ICFの活用により、「当事者や家族、支援に関わる幅広い分野の職種が、障害や疾病状態について共通理解をもつことができる」こと、「サービスの計画や評価、記録などのために実際的な手段として用いることができる」とされている。そのため、ICFの「構成要素」や「構成要素間の相互関連図」を用いたアセスメント表なども使用されている。

第4章 介護過程を理解する

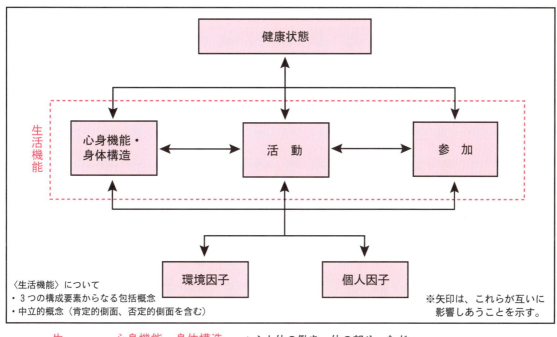

図4-3 ICFの構成要素と構成要素間の相互関連図

②情報収集シートの内容 —本書の場合—

　表4-1に「情報収集シートの内容例」を示した。本書の情報収集シートである「くらし」「からだ」「こころ」の3シートは、これを基に作成している。本書の場合、情報収集の「項目」は、大きく分けて5つあり、「身体的側面」「活動」「心理的側面」「社会関係・参加・役割」「環境」である。

　表4-1は、ICFの構成要素のような次元では分類されていないが、情報収集の「項目」「内容」に含むものは、ICFの構成要素にあるものと異なるものではない[注1]。

　注1） ICFにおける構成要素間にどのような関連があるかは、介護過程におけるアセスメントでは、特に「情報の分析・解釈・統合」「判断」の段階で考えることが求められる。
　　　したがって、アセスメントにおける「情報の分析・解釈・統合」「判断」の段階では、各情報がどのように関連するかを考えるのが重要であるのはもちろんのこと、「活動と参加」を促進・制限する要因は何かを、「心身機能・身体構造」だけでなく「環境因子」「個人因子」の視点からも検討することが大切となる。これらの視点は、本書に掲載するアセスメントシートにも反映されている。

（2）情報収集の方法と内容

　情報収集の方法には観察、検査・測定、記録、聞き取りがあり、情報の内容は利用者を取り巻く全てである。

表4-1　情報収集シートの内容例　―本書の場合―

項　目	内　　容
身体的側面	性別、年齢、身長、体重、BMI、健康、疾病・障害の状況 服薬など受けている医療　など
日常生活動作	移動・移乗、食事、排泄、清潔、整容、入浴、着替え、コミュニケーション 家事（調理・掃除）などの動作と、これらの生活状況　など
心理的側面	意識、意欲、情緒・気分 宗教、信念、人生観・死生観、生きがい 願いや思い、要望　など
社会関係 参加・役割	人間関係、人との付き合い 1日の過ごし方、社会参加、役割、活動、趣味　など
環　境	物理的：住居、居室、自然環境、社会福祉サービス　など 人　的：人間関係、近隣との関係 　　　　　ケア提供者の状況やケア提供者との関係　など
その他	経済状況、家族の要望　など

表4-2　情報収集の方法と内容

方法	内　容	具　体　例
観察	・五感（視覚・聴覚・嗅覚・触覚・味覚）を通して客観的に把握できること	・視覚：観察した顔色、表情の変化、服装、動作、場所の状態 ・聴覚：利用者の呼吸の音、声、利用者が聞いているテレビの音、足音 ・嗅覚：体臭、部屋の臭い、寝具の臭い、食品の匂い、シャンプーや石鹸などの匂い ・触覚：皮膚状態、寝具のホコリやベタベタ具合、洋服などの肌触り ・味覚：利用者の料理の味、味に対する利用者の反応
検査・測定	・専用器具で測定したり、検査して把握した身体状況 ・専用スケールや検査様式を用いて把握した心身状況	・身長、体重、BMI、血圧、体温、脈拍、呼吸数など ・視力、聴力、麻痺、関節可動域など ・ADL・IADLなど「できる・できない」で表わすことが可能なこと ・要介護度、認知症機能評価など
記録	・さまざまな記録に書かれている、利用者に関する全てのこと	・フェイスシート：生年月日、住所、家族関係、病歴、現在の要望など ・アセスメントシート：現在の心身状況と、それに対する介護福祉職の分析 ・個別介護計画：介護の内容と期間、担当者など ・経過記録：生活の様子 ・モニタリングシート：介護の実践による利用者の心身の変化
聞き取り	・利用者や家族から聞いた、利用者に関すること ・他職種から聞いた、利用者に関すること ・第三者から聞いた、利用者に関すること	・個別介護計画の作成のために、面談を実施して本人や家族から、今までの生活とこれからの生活について聞いたことなど ・生活のあらゆる場面で介護をしながら、利用者の思いを聞いたことなど ・申し送りやカンファレンスの際に、他職種からの意見を聞いたことなど ・利用者の知り合いや友人、隣人、かかわっているボランティアなど、第三者から聞いたことなど

情報は大きく分けて「客観的情報」と「主観的情報」とに分けられる。

「客観的情報」には、測定や計測で数量化や記号化できるものと、誰が見ても同じように捉えることができる利用者の状態や変化がある。他者が観察した利用者の状態や変化は客観的情報と分類するが、その中身には観察した者の主観が入っている可能性があることに注意する必要がある。

「主観的情報」とは、利用者本人の受け止め方や感じ方である。利用者が現にそう感じたり、考えていることとして、本人が言葉にしたり、訴えを表現していることである。あくまでも利用者本人の受け止め方であり、介護福祉職の受け止め方ではない。介護福祉職自身の受け止め方は、アセスメントの情報の分析になる。

(3) 情報収集をするときの留意点
①情報収集における全般的な留意点

人には、身体的・心理的・社会的などさまざまな側面がある。また、気分や体調は日々変化し、さらに、成長・発達もする。利用者を十分に理解し、介護過程を展開する。情報収集における留意点を以下に述べる。

a．利用者との信頼関係の構築に努める

一般的に、人は信頼できない相手に対して、特にプライバシーに関する情報を伝えることはないだろう。情報収集シートを埋めるために、事情聴取のように聞き出すことは避けなければならない。利用者が安心して介護を任せられる相手だと感じたとき、利用者が自然と情報提供することもある。

b．情報収集は、かかわりのなかで意図的に行う

自分の望む生活・人生を言葉で的確に表現できる利用者ばかりではない。したがって、利用者が何を望んでいるか、何に困っているか、どのようにすれば生活・人生がよりよくなるのかを意識してかかわる。そのうえで、コミュニケーションを自然にとりながら、意図的に観察したり聴いたりする。

c．継続的、多角的に情報収集を行う

情報収集はのちに述べる「情報の分析・解釈・統合」と結びついている。情報をシートに記載し分析しようとしたときに、不足している情報に気づくことがある。また、ある時点と別の時点の情報が異なることもあるだろう。そのような「気になること」がある場合には、継続的に情報収集していくとよい。利用者とかかわる他職種、家族などから多角的に情報を得ることも有効である。

d．事実と介護福祉職の意見を区別する

介護福祉職の先入観や思い込みによる誤った理解をしないために、自分の受け止め方の傾向を意識するとともに、他の専門職などと確認しあうとよい。

e．情報収集について説明し同意を得るとともに、個人情報を保護する

とりわけ面接などで集中的に情報収集する場合は、情報収集の目的を利用者や家族に理解してもらうことが必要である。利用者と協同して介護過程を進めていくためにも、利用者や家族の理解力に合わせて説明し、同意を得て情報収集を行う。また、得られた情報は個人情報であるため、秘密保持を厳守する。

②情報収集と情報提供

　介護を行うためには、まず介護に必要な情報を収集しなければならない。そして、適切な介護を行うための「情報収集」は介護福祉職だけでなく、利用者にとっても必要である。同時に、互いが「情報提供」しあうことも必要となる。

　介護福祉職は、利用者自身が望む生活や自分らしい生活をしてほしいと願っている。しかし、情報が利用者のところに届かなければ、利用者は選択も決定もできない。介護を行うためには、利用者からの「情報収集」だけでなく、利用者への「情報提供」も同様に必要なのである。

　利用者が情報提供を受けた場合、その情報をもとに利用者自身が「自己選択」「自己決定」をしていくことが可能となる。利用者自身が「自己選択」「自己決定」していくこと、そしてそれを保障することは、介護実践における価値の１つである。

　情報収集と情報提供が利用者と介護福祉職の双方向で営まれることは、利用者と介護福祉職が介護過程の各段階を共有していくこと、協同しながら展開することにつながる。

２）情報の分析・解釈・統合

　大辞泉によれば、分析・解釈・統合の意味は次の通りである。

分　析	ある事柄の内容・性質などを明らかにするため、事柄を構成する要素・条件などに分けて解明すること
解　釈	物事や行為などを判断し理解すること。または、その説明
統　合	２つ以上のものを合わせて１つにすること

　本書ではこれ以降、「分析・解釈・統合」の用語がたくさん出てくる。どのような介護が必要なのかを判断するために、情報収集により得られた〈情報〉を「分析・解釈・統合」する必要があるからである。そのため、本書で「分析・解釈・統合」の用語を使う場合は、上記の辞書的定義を踏まえたうえで、次のような意味で用いている。

分析・解釈・統合	＊分析・解釈 　その人にとっての情報の意味を考えること、専門的知識を活用し情報を理解すること、なぜそうなっているかを考えて説明すること ＊統合 　情報の分析・解釈の結果を踏まえ、利用者の全体像や生活課題を理解し、説明すること

　情報を「分析・解釈・統合」するためには、まずは、情報収集した〈情報〉を整理したり、類似の情報や関連のある情報はどれかを考えることが必要である。そして、上記の表中に示したように、〈情報〉の「分析・解釈」や、分析・解釈を踏まえて「統合」を行う。

（1）情報の分析・解釈・統合の段階での留意点

情報の分析・解釈・統合の段階での留意点を以下に述べる。

①情報の分析・解釈・統合の答えは1つではない

情報を分析・解釈・統合する時に、「絶対にこれが正しい」と考えることはよくない。「私はこう考えるが、それはなぜそう考えるのか」と自問することや、他者の意見を聞くことが大切である。分析・解釈・統合の内容に影響を与える要因には、以下のようなものがある。

- 情報そのものが事実であるか
- 介護福祉職の専門職としての知識や経験
- 介護福祉職の価値観や介護観などの主観

情報の分析・解釈・統合は、介護福祉職自身の価値観や人生観、介護観など、介護福祉職の主観が入りやすいといえる。私たちの生活は第1章、第2章で学んできたように多様である。介護福祉職自身も人生観や価値観、生活観はそれぞれである。そして、利用者の人生観や価値観、生活観もそれぞれである。どのように素晴らしい分析・解釈ができたとしても、利用者の気持ちや状況に完全に一致しているとは言えない場合がある。「このように分析・解釈したが、それは共有できることなのか」と妥当性を検討すること、「現在はこう考えたが、状況によっては変更する必要もある」というような柔軟性も大切である。

②情報の分析・解釈・統合が客観性をもつために

情報の分析・解釈・統合の答えは1つとは限らないが、分析・解釈・統合が客観性をもつように注意する。そのためには、先に述べたことと重なるが、以下の点に留意するとよい。

- 分析・解釈・統合に用いる情報はできるだけ事実であること。そのため、1つの事象も多角的に情報収集し、情報を吟味すること。
- 情報の分析・解釈・統合は、介護福祉職の知識がその幅の広さと深さを決定する。そのため、専門的知識・技術を活用できるように努力すること。
- 情報の分析・解釈・統合には、介護福祉職自身の価値観や介護観などの主観が入りやすく、介護福祉職が経験している範囲で考えることが多い。そのため、このような状況になる可能性があることの自覚をもつこと、自分の考えを吟味できるようにチームワークを大切にすること。

③「分析・解釈・統合」をどのようにしてよいかわからないときには

どのような利用者であるかによって、分析し記述する内容は異なる。しかし、気になる情報には何らかの理由があると思われるので、そのことから分析を始めるのも一つの方法である。たとえば、気になる情報のなかには、「利用者の思いや願い」「生活状況」「活動と参加の状況」「身体的状況」「心理的状況」「社会的状況」「環境」等からみた視点が含まれることが多い。

また、「分析・解釈・統合」を、「どのようにしてよいかわからない」で困ったときには次に示すような内容で情報を整理し、情報の意味を考え、情報間の関連を考えてみると、何らかの分析・解釈・統合をした結果の記述ができると思われる。ただし、次の表の項目を全て記述する必要があると言っているわけではない。あくまでも、考えるためのヒントである。

> ◇生活機能の状態　　　　　　　　　　◇活動と参加の状況
> ◇生活の状況　　　　　　　　　　　　　（活動と参加：食事）など
> ◇コミュニケーションの状況　　　　　◇願い・要望
> ◇身体的状況、心理的状況、社会的状況　◇環境
> ◇生活歴や社会面

そして、「分析・解釈・統合」した結果を記述する際は、他者が読んでもわかりやすいことが大切である。また、「事実」と「推測や判断」を分けて記述すること、「○○であることから、△△と思われる」などのように、根拠を示して書くことが大切である。小見出しをつけて記述するのもよい。

（2）情報の分析・解釈・統合とICF

ICFにおける構成要素間にどのような関連があるかは、特に「情報の分析・解釈・統合」「判断」の段階で考える必要があることについては前述した通りである（45ページ：注1）。

ICFの視点でとらえることは利用者の全体像の把握につながる。ICFの視点を踏まえた「情報の分析・解釈・統合」については、各情報がどのように関連するかを考えるのはもちろんだが、下記のような視点をもつとよい。

> ①生活機能に目を向け、それらを活用して営まれている利用者の全体像を把握する
> ②生活機能の「活動」「参加」の状況に目を向け、利用者のプラス面をみる
> ③「活動と参加」を促進・制限（制約）する要因は何かを考える
> ④「環境因子」「個人因子」の背景因子が、生活機能に及ぼす影響は何かを考える

上記③④に関しては、利用者の「生活状況」や「活動と参加の状況」に対して、これらを維持・改善するための促進要因は何か、維持・改善に支障を与えている阻害要因は何かを検討する視点を、分析・解釈・統合の段階でもつことも大切である。

第2章で紹介したAさんの現在の活動と参加について、環境因子と個人因子からみたアセスメント[3]を表4-3に示した。

表4-3　Aさんの現在の状況のアセスメント

	考えられる活動・参加の促進因子	考えられる活動・参加の阻害因子
環境因子	・ケアマネジャーやホームヘルパーと関係がもてている ・週3回ホームヘルプサービス、毎日給食サービス、月1回訪問リハビリテーションを利用している ・ヘルパーはAさんの性格を理解し、信頼関係を築いている ・ヘルパーは、一人暮らしの生活を壊さないよう、なるべく自分のことは自分でやってもらうという考え方で接している	・階段がある、2階で生活している ・妻は高齢者福祉施設に入所している ・この1年でヘルパーが6人交代した
個人因子	・株をとおしてニュースや新聞に興味関心がある ・妥協を許さない性格 ・自分の意見をきちんと言う ・子どもに迷惑をかけたくないと思っている ・惨めな生活だが、自分でやってきたので車いすにならなかったと思っている ・今の生活を破壊したくないと思っている ・ヘルパーに買い物リストを用意している	・妥協を許さない性格 ・子どもに迷惑をかけたくないと思っている ・一人暮らしである

3）判　断

　「情報の分析・解釈・統合」で利用者の生活全般の情報を分析した結果を踏まえ、「判断」を行う。本書で「判断」の用語を使う場合は、次の2つを含む。

判　断	①介護の方向性を判断する
	②生活課題を決定する

　「判断」を行うには、「根拠」を明確にする必要がある。つまり、判断の経緯を言葉にして説明することが求められる。たとえば以下のように、言葉にして他者に説明できることが大切である。

- ～～と考えられ、～～が必要である。
- よって、～～とする。
- ～～を、～～のように判断した。その根拠の情報は～～である。

　ここで大切なことは、「判断」の内容は、利用者と介護福祉職双方が共有できるもの、介護福祉職間で共有できるものでなければならないということである。つまり、「判断」が、介護福祉職個人の勝手な解釈や推論、あるいは価値観だけに基づくものであってはならない。そのためには、以下の点に留意する。

- 利用者主体の生活支援であることを踏まえ、利用者の思いに寄り添う。日常のかかわり場面で利用者の思いを感じ取れるように努力する。
- 利用者が参加したケアカンファレンスなどで、利用者本人をはじめとして介護福祉職や他職種の意見を積極的に聞く。

（1）判断：介護の方向性を判断する

　情報の分析・解釈・統合の結果、「介護の方向性」を判断する。その際、「利用者の願いや思いは何か」の視点を再度確認することが大切である。加えて、介護福祉職からみて必要なことは何か、その根拠は何かを検討する。そのうえで、介護の方向性を判断する。

①利用者の願いや思いは何か
②介護福祉職からみて必要なことと、その根拠は何か

③介護の方向性の判断

　「介護の方向性として考えられること、必要なこと」として記述した内容は、次に行う「生活課題の決定」とも関連する。そして、「介護の方向性」として記述した内容は、「生活課題」に対して立案する「介護計画」の内容に活かしていく。

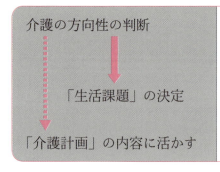

- 介護の方向性の判断として、「介護の方向性として考えられること、必要なこと」を検討したからこそ、「生活課題の決定」ができる。
- 介護の方向性の判断に基づき検討する内容は、根拠のある「介護計画」の立案につながる。

（2）判断：生活課題を決定する

　情報の分析・解釈・統合で記入した内容および介護の方向性の判断をふまえ、利用者の生活課題を決定する。つまり、利用者の望む生活や介護福祉職の判断からみて、何が「生活課題」に挙げられるかを検討し、決定する。

　生活課題の決定については、次を意識する。

①「生活課題とする」場合は、その理由・根拠は何かを検討する。
　また、「生活課題としない」場合も、その理由・根拠は何かを検討する。

②「生活課題とする」場合は、介護の方向性として考えられること、必要なことを検討する。

4）生活課題の表現方法

　利用者の生活課題であるから利用者本人を主語にして表現する。生活課題の表現方法は複数ある。生活課題の表現について、図4－4に示した内容を例に説明する。

①「生活課題となる根拠や理由」を明らかにして表現する場合は、「課題となる根拠」や「課題とする理由」を『△△』の中に記し、「利用者の状況」「必要性」などを『○○』の中に記して表現するとよい。
②利用者の願いや意欲が、そのまま生活課題になると判断された場合は、『〜したい』『〜なりたい』等、目標指向型の表現とする。
③情報の分析・解釈・統合で、現状をそのまま表現することが適していると判断された場合には、そのまま表現する。

※ 生活課題の表現は、70ページの【生活課題の表現方法の例】を参照してほしい。

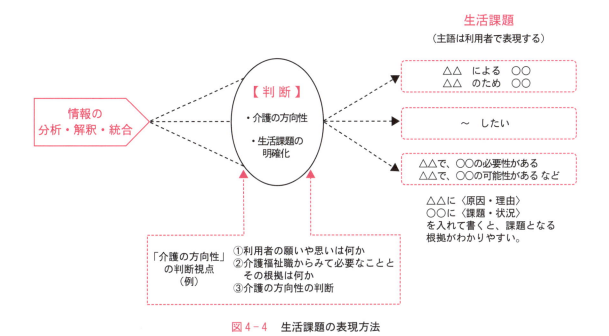

図4-4 生活課題の表現方法

5）生活課題の優先順位を決定する

いくつかの生活課題がその根拠をもって明確になった。生活課題が複数あるときに優先的に取り組む課題を決定する場合がある。これを「優先順位の決定」という。

優先順位の判断には介護福祉職の介護観や価値観がともなう。そのため、ここでもなぜそのように考えたかを言葉で示せるよう、自分自身の判断基準を明確にしておく必要がある。介護福祉職として生活課題の優先順位を決める判断基準には、以下のようなものがある。

・利用者の願いや思い、要望
・生命を脅かすような緊急性のあるもの
・さまざまな生活支障の多くにかかわっている重大な事柄
・生活の継続性の尊重
・自立した生活の妨げとなるもの　など

2　介護計画

　介護計画は、分析・解釈・統合の段階を活かす。そのうえで、実現可能であり利用者自身が納得して実施できるような内容である必要がある。その際、カンファレンスなどで利用者・家族や関係職種の意見を聞き検討する。
　「介護計画」に含まれる要素は、「目標」「期限」「具体的方法」である。

1）目　標
　目標は、生活課題に対応して設定する長期目標と短期目標がある。

（1）長期目標
　長期目標は抽象的であり志向性をもつことが多く、短期目標を導くものである。
　ポイントを以下に示す。
　　①目標は利用者が納得できるもので、利用者と介護福祉職とで共有できるものとする。
　　②短期目標が達成されることで、長期目標の状態に近づく。
　　③一般的に3ヶ月～1年位の、利用者の生活の望ましい方向を示す。
　　④期限を設定し、評価する日を決める。
　　⑤利用者のありたい姿で表現する。
　　⑥利用者を主語にして表現することにより、利用者主体であることを具体的に示す。

（2）短期目標
　短期目標は具体的であり、ケアの内容と連結していて日々のケアの実践の指標となる。
　ポイントを以下に示す。
　　①目標は利用者が納得できるもので、利用者と介護福祉職とで共有できるものとする。
　　②1つの生活課題に対しての短期目標は、1つの場合もあれば複数の場合もある。
　　③生活課題に取り組むことで達成したい目標、望ましいと思われる結果を表現する。具体的で、利用者の個別の状況にあった表現にする。
　　④評価が可能なように、具体的な表現（結果を示した表現、具体的な数字など）で書く。
　　⑤期限を設定し、評価する日を決める。
　　⑥利用者を主語にして表現することにより、利用者主体であることを具体的に示す。
　　⑦文末に（　　）をつけて、達成を目指す期限（評価日）の日付を記入しておく。

2）期　限
　・計画は達成期限を決め、目標に沿った評価をする日を設定する。
　・長期目標は、3ヶ月～1年位を目安にすることが多い。
　・短期目標は、その生活課題が緊急を要するものであれば数日ということもあるが、1週間～3ヶ月位を目安にした目標とする。
　・達成期限の設定においても、達成期限の根拠を明確にしておくことが大切である。

3）具体的方法

具体的方法を計画するときには、これまでアセスメントしてきた内容が十分に活かされることが重要となる。さらに具体的方法は実現が可能でなければならない。また利用者本人の同意が必要であり、無理や不具合があれば修正する。

具体的方法のポイントは以下のとおりである。

① 誰にでも誤解なく同様の介護が提供できるように、具体的方法は「何のために」「いつ」「どこで」「何を」「どのように」「誰が」行うのか、具体的に計画を書く。
② 利用者本人に合った状況や、無理のない方法で計画立案する。
③ 計画は、利用者や家族が納得していて、利用者の能力が活用できるものである。
④ 見守りや観察をする場合の具体的内容、統一した言葉がけや特に留意する言葉がけがある場合は「どのように・何を話すか」のポイントを記入する。
⑤ 危険性とその予防について具体的に示す。

3　実　施

アセスメントの内容を活かした具体的な方法を確実に実施する。利用者の心身の状況を観察しながら注意深く行う。

実施のポイントは以下のとおりである。

- 「目標」と「具体的方法」を確認して行う。
- 必要な物品に不足がないように準備をする。
- 利用者の反応をみながら、安全に留意して行う。
- 実施時の利用者の反応などを記録する。

4　評　価

介護福祉専門職として介護を行った後には、その評価を客観的に行う必要がある。介護過程が方法として有効な理由は、介護行為の判断の根拠が明確になっているからである。

評価は、まず目標が達成されたか否かをみる。目標が達成された場合には、その生活課題が解決されたとしても、今後も具体的方法を継続する必要があるか否かを判断する。完全に解決された場合には新たな生活課題について再アセスメントをする。例えばポータブルトイレでの排泄が生活課題になっていて、それが自立できた場合には、新たにトイレでの排泄が生活課題になるというような場合である。

目標が達成されなかった場合は、図4－5（次ページ）のように介護過程の各段階にさかのぼって検討し、見直しを行う。

評価の視点としては、利用者や家族の満足感、安全性、効率性などがあげられる。

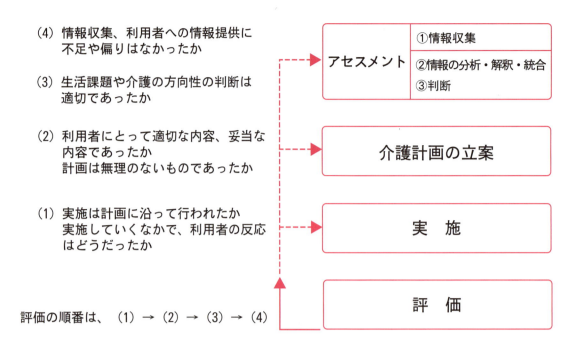

(4) 情報収集、利用者への情報提供に不足や偏りはなかったか

(3) 生活課題や介護の方向性の判断は適切であったか

(2) 利用者にとって適切な内容、妥当な内容であったか
計画は無理のないものであったか

(1) 実施は計画に沿って行われたか
実施していくなかで、利用者の反応はどうだったか

評価の順番は、(1) → (2) → (3) → (4)

図4-5 「介護過程」の各段階に沿った評価の視点

　介護過程は、評価して終わりではない。「評価（修正）」した後は、さらに「アセスメント」へとつながっていく。

　「評価（修正）」から「アセスメント」へのつながり、介護過程の継続性を図4-6に示した。

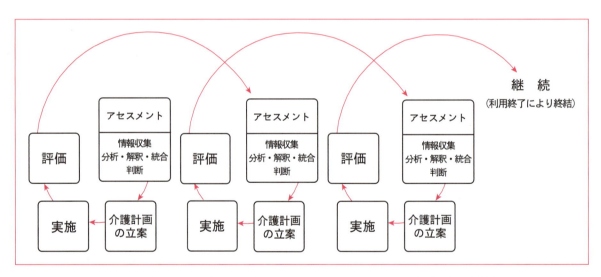

図4-6 「評価（修正）」から「アセスメント」へのつながりと介護過程の継続性

【参考文献】

1) 世界保健機関『国際生活機能分類（ICF）―国際障害分類改定版』中央法規出版, 2002年
2) 諏訪さゆり『ICFの視点を活かしたケアプラン実践ガイド』日総研出版, 2007年
3) 太田貞司監修, 鈴木聖子・谷口敏代・上之園佳子編著『生活支援の実践』（「地域ケアを拓く介護福祉学」シリーズ）, 光生館, 2015年

第5章 「介護過程展開シート」の書き方

　この章では、本書で使用する「介護過程展開シート」の構成と、各シートの具体的な書き方を説明する。さらに、Bさんの事例を通じて、記入方法の理解を深める。

　本書の介護過程展開シートは、実習で介護過程を展開する際、利用者の自分らしい生活や願いや思いを介護計画に反映できることを目的に作成した。これまで学んだ介護過程の概念や構成要素を踏まえ、介護過程を展開してみよう。

　（実際の介護過程展開シートは、資料103〜107ページを参照。）

I 本書で使用する「介護過程展開シート」

1 介護過程展開シートの構成

　本書で使用する「介護過程展開シート」は全部で5種類ある。

　情報収集シートは「これが私：くらし」「これが私：からだ」「これが私：こころ」の3種類、情報を分析・解釈・統合、判断するための「アセスメントシート」、介護計画の立案、実施、評価に対応する「介護計画シート」の計5種類である（102ページ参照）。

　図5-1は第4章で説明した「介護過程の構成要素」（43ページ）にしたがって、介護過程展開のどの段階で、どの「介護過程展開シート」を使用するかを示したものである。

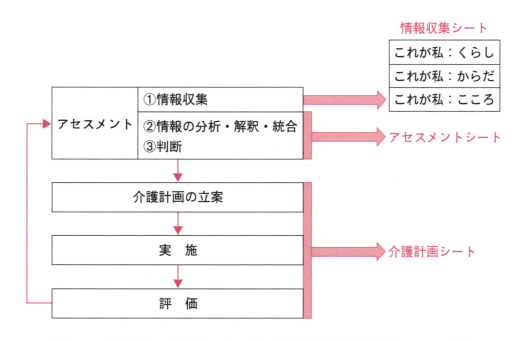

図5-1　「介護過程の構成要素」と、本書で使用する「介護過程展開シート」の関係

II　介護過程展開シートの書き方

1　情報収集シートの書き方

1）情報収集シート3種類（くらし・からだ・こころ）に共通する書き方

　情報収集シートは、これまで学んだ介護の視点「利用者の願いや思いに気づく」などを反映しながら、情報を収集、整理し、利用者の全体像を理解することが目的である。

　情報収集シート3種類に共通する書き方で特に大切な点は次の通りである。

　①情報は、利用者（私）を主語にして書く。
　②記入する内容は、情報として収集された「事実」である。記入者の価値観や分析・解釈は加えない。
　③3種類のシートに順番はない。どのシートから書いてもよい。また、各シートの項目も、どの項目から書いてもよい。
　④絵や単語で表記することも可能である。
　⑤無理に全部埋める必要はない。複数のシートに同じ内容が書かれていてもよい。
　⑥情報が不明の場合は「不明」と書く。空欄は、空欄の理由を把握しておく。
　⑦情報源を明確にする。本シートは、下記の記号をつけて情報源を区別している。

表5-1　本シートにおける情報源の記入方法

記号	情報源	情報源についての説明
◎	利用者本人	利用者が言葉で表現したこと 言葉とは、音声言語だけでなく、筆談なども含む
○	記入者が観察したこと	利用者の表情、声の調子、態度、部屋の状況など、記入者が観察したこと
△	家族	家族からの情報（親戚、知人なども含む）
▽	職員（介護福祉職、介護福祉職以外の職種も含む）	職員からの情報（職種を明記して記録する）
□	施設の記録	施設の記録などから得られた情報

2）情報収集シート3種類に共通する留意点

　情報源としては、利用者本人、記録物（ケース記録など）、家族、職員などがある。これらより得られる情報は、介護過程を展開していくうえで重要な要素である。限られた実習期間の場合は、あなた自身が利用者を見て、聞いて、触れて、感じたことを大切に情報収集する。

　そこで、利用者から直接情報を得る時に注意したいことを、次に示す。

　①利用者が話したがらないことは、無理に聞かない。
　②聞きたい気持ちが強くても、次々と質問することは避ける。
　③和やかな雰囲気をつくるように心がける。

※1～18の番号は、アセスメントシート（106ページ）の「情報の整理」の番号と対応している。

第5章 「介護過程展開シート」の書き方

「これが私：くらし」シートの書き方

「これが私：くらし」シートの特徴

「くらし」シートは、介護に必要な、その人の過去を含めた現在の生活を全体的に表わすことができるように作成している。〈現在どのように暮らしているか〉の項目は、客観的に記入する欄と、「私の願い・要望」という主観的情報を記入する欄を設けている。

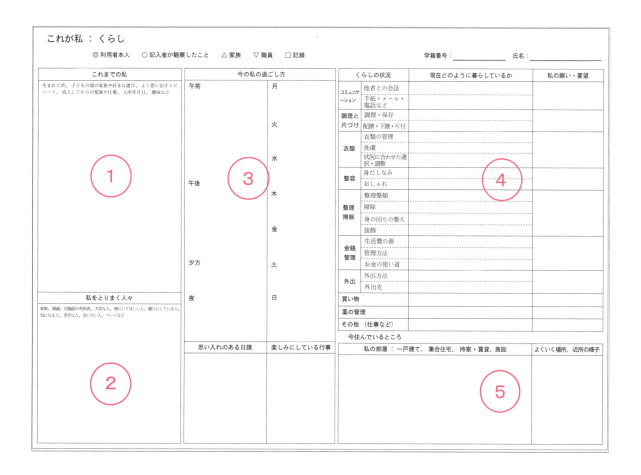

1　これまでの私：生活歴や過去のエピソード、趣味などを記入する。

生まれた所

　どんなところで生まれ育ったのか、例えば海のそば、山がよく見えるところ、雪の多いところなど、イメージできる表現で記入する。

よく思い出すエピソード

　楽しかった思い出話など（子どもの頃の家族や好きな遊び、成人後の家族や仕事、第1章の「『生活』ってなんだろう」を参考にするのもよい）。

成人してからの家族や仕事　生活の歴史を必要な範囲で書く。

趣　味　共に時間を過ごすなかで、趣味や好きなことを見出すこともできる。

2 私をとりまく人々：この欄は「こう書かなければならない」というものはない。

家族、親戚、同じ施設の利用者、大切な人、傍にいてほしい人、頼りにしている人、気になる人、苦手な人、会いたい人、ペットなどについて、文章で書いても、イラストやジェノグラム（75ページ参照）で書いてもよい。

3 今の私の過ごし方

3-a 1日の過ごし方
利用者のある1日について、○年○月○日と日付を書き、その日の利用者の様子を自分が観察したままに記入する。利用者の1日の過ごし方を具体的に知ることで、利用者の生活や暮らし方を理解することができる。

3-b 思い入れのある日課
どうしてもやりたいことや、こだわっていることなどを記入する。

3-c 週間
月曜日から日曜日までの主な週間予定を書く。週間予定がわかることで利用者の趣味や、やりたいことも予定の中に組み入れることができる。決まったスケジュールがあれば記入する。

3-d 楽しみにしている行事
施設や地域の定期的な行事の他にも、思い入れのある行事があれば記入する。理由を聞いてみると、その思いがわかることがある。

第5章 「介護過程展開シート」の書き方

4-a くらしの状況（現在の状況）：

この欄の項目は、「からだ」シートや「こころ」シートと密接に関連している。

身体面からだけでなく、くらしの視点からみることは、介護に必要だからである。

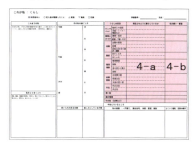

コミュニケーション	生活場面での意思疎通の方法と様子である。
調理と片づけ	献立を考えたり食材を購入したり、調理、後片づけをすることが含まれる。
衣類	衣類の管理は、季節ごとに適した衣類を準備したり整理したりすること。洗濯は、洗う・干す・取り込む・たたむことを含む。状況に合わせた選択・調整は、温暖・寒冷の季節に合わせた衣類を適切に選ぶことや、好きな衣服を時間、場所、目的などに合わせて選ぶことなどである。
整容	身だしなみは、「これが私：からだ」シートの「清潔・整容」欄と関連している。おしゃれは、その人のこだわりや価値観が反映される。
整理・掃除	今までの生活習慣の影響が大きく、個別性が大きい項目である。「身の回りの整え」は、使いやすい工夫や物の置き方、飾り方などの意味を含んでいる。
金銭管理	金銭管理の範囲や方法（金銭に関する価値観が影響していることを考慮する）。
外出	外出・外泊の状況や範囲など。
買い物	買い物は、誰が何をいつどのように買うかなど。その人の価値観や人間関係なども反映しており、くらしの中では大切な要素となる。
薬の管理	薬の管理は、薬をどのように管理し、使用しているかなどである。
その他（仕事など）	仕事や学校など、上記以外での情報を記入する。

4-b くらしの状況（私の願い、要望）：

「くらしの状況」について、利用者が言語的・非言語的に表出した願い・要望について、情報源を明らかにして記入する。

5　今住んでいるところ：住まいの様子を記入する。

一戸建て（持家・賃貸）、集合住宅（持家・賃貸）、施設のどこに住んでいるかに〇印をつける。

居住空間の中でよく行く場所があれば記入する。

利用者の生活をイメージしやすいように記入するが、記入方法は文章や見取り図、絵などで工夫する。

「これが私：からだ」シートの書き方

「これが私：からだ」シートの特徴
　介護が必要なその人の身体状況を客観的に記入する欄と、「私の願い・要望」という主観的情報を記入する欄を設けている。

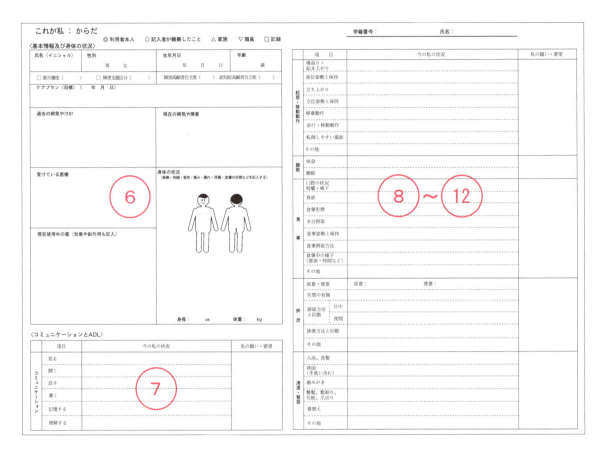

6　基本情報・身体の状況：「要介護度」「ケアプラン」「過去の病気やけが」「現在の病気や障害」「身体の状況」「受けている医療」「現在使用中の薬（効果や副作用）」等について記入する。

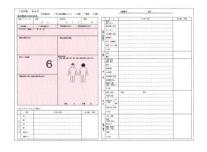

　　要介護度等・ケアプラン　　資料などを見て記入する。
　　過去の病気やけが　　何歳でどのような病気やけがをしてどのような治療を受けたかを、わかる範囲で記入する。
　　現在の病気や障害　　現在治療中の病気や障害、日常生活に支障のある心身の障害を記入する。

　身体の状況　　麻痺・拘縮・変形・痛み・腫れ・浮腫・皮膚の状態などについて、図の該当する箇所に印をつける。その状況を具体的に言葉で説明する。
　受けている医療　　現在の病気や障害のうち、治療を受けているものについて、受診の頻度とどのような治療を受けているかを記入する。
　現在使用中の薬（効果や副作用）　　内服薬だけでなく、貼り薬や目薬なども記入する。

7～12　今の私の状況：「コミュニケーション」「起居・移動動作」「睡眠」「食事」「排泄」「清潔・整容」

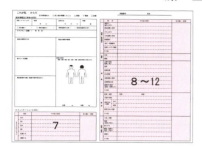

　「コミュニケーション」「起居・移動動作」「睡眠」「食事」「排泄」「清潔・整容」について、観察したことや計測したことの客観的事実を記入する（46ページ、表4－2「情報収集の方法と内容」）。

7	コミュニケーション	見る、聞く、話す、書く、記憶する、理解する状況について記入する。
8	起居・移動動作	寝返り・起き上がり、座位姿勢（保持）、立ち上がり、立位姿勢（保持）、移乗動作、歩行や移動動作について観察したことを客観的に記入する。
9	睡　眠	休息、睡眠の状況について観察したことを客観的に記入する。
10	食　事	食事形態、水分摂取、食欲、食事姿勢と保持、食事摂取方法、食事中の様子、咀嚼・嚥下、口腔の状況について記入する。
11	排　泄	排尿方法と回数、尿意・便意、失禁の有無について記入する。
12	清潔・整容	洗面、手洗い、歯みがき、整髪、髭剃り、化粧、爪切り、入浴、洗髪、着替えの状況について記入する。

7～12　私の願い、要望：「コミュニケーション」「起居・移動動作」「睡眠」「食事」「排泄」「清潔・整容」

　「コミュニケーション」「起居・移動動作」「睡眠」「食事」「排泄」「清潔・整容」について、利用者が言語的・非言語的に表出した願い・要望について、情報源を明らかにして記入する。

　47ページ、情報の種類で学んだ主観的情報にあたる。

「これが私：こころ」シートの書き方

「これが私：こころ」シートの特徴

　時間の経過とともに、人の気持ちは変わっていくものなので雲の形で表現した。こころは目に見えないものであるため、正確な情報かどうか悩むかもしれない。そのため、情報源を明らかにしておくことが非常に重要なシートである。

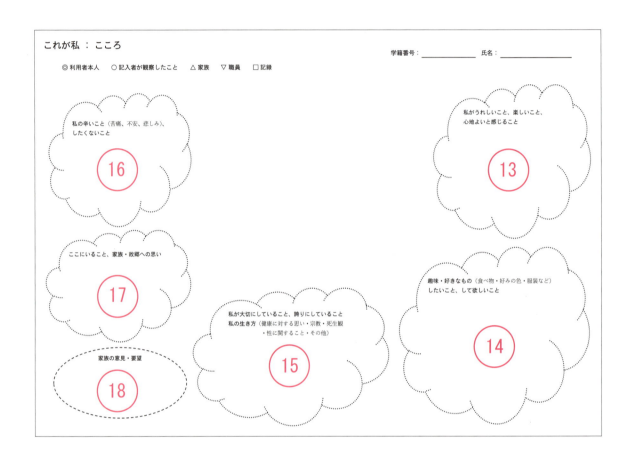

13　私がうれしいこと、楽しいこと、心地よいと感じること

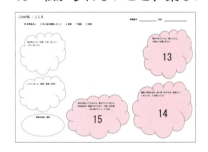

　利用者が「うれしい・楽しい・心地よい」と言語的に表現したことはもちろんだが、一日のささいな出来事、思わず笑ってしまったことや利用者の表情がパッと明るくなった場面などから感じとって記入する（介護福祉職が利用者のうれしいこと、楽しいことをたくさん感じとることが大切である）。

14　趣味・好きなもの（食べ物・好みの色・服装など）、したいこと、して欲しいこと

　今までの趣味や好きな活動、利用者の好むものを記入する。
　また、生活のさまざまな場面を想定して、「今、したいこと」「近々したいこと」「いつかしたいこと」「自分でもできるけど（自分でもやるけど）、時にはして欲しいこと」「いつもして欲しいこと」などの情報を整理する。

15　私が大切にしていること、誇りにしていること、私の生き方（健康に対する思い・宗教・死生観・性に関すること・その他）

無理に聞く必要はない。

- 〈利用者が大切にしていることや誇りにしていること〉は、利用者の作品や家族の写真など、いろいろなものから情報収集できる。
- 〈健康に対する思い〉は、心身の健康に対する考えや願い・思いなどを記入する。
- 〈宗教・死生観に関すること〉は、人生や存在の意味への問い、後悔の念、魂のよりどころ、死への恐れなどについて、利用者の思いを記入する。個人の価値観なので、決めつけないことが大切である。
- 〈性に関すること〉は、男性であること、女性であること、異性に対する気持ちなどを含む。
- 〈その他〉は、生き方について気づいたことを自由に記入する。

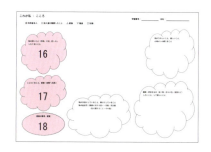

16　私の辛いこと（苦痛、不安、悲しみ）、したくないこと

利用者の苦しいこと、不安なことなどを記入する。

話すことに対して利用者の気が進まない、気持ちが重くなるなどのこともあるため、無理に聞き出すことはない。利用者の表情や動作からくみ取ることも大切である。

17　ここにいること、家族・故郷への思い

利用者が生活しているその場所への思いを感じ取り記入する。「これが私：くらし」シートからの情報も踏まえ、聞き取ったり、利用者の様子から感じ取ったりすることも必要である。

18　家族の意見・要望

家族が考える利用者の望む生活について記入する。認知症や知的障害のある人は、自分の意見を表出できない場合がある。そのような場合は、本人の代弁者としての「家族の意見・要望」を参考にすることもできる。しかし、家族の意見や要望は、利用者の意見や要望と一致する場合もあれば相反する場合もあることに留意する必要がある。

◆空　白

中央の空白のスペースは自由記述欄である。

文章や絵で利用者の様子を表現することで、より具体的に他者に伝えることが可能となる。絵を描いてみると、自分自身でも利用者をどのようにとらえているのかが、わかることがある。しかし、絵での表現が難しい場合は、無理に記入しなくてもよい。

2　アセスメントシートの書き方

　これまで、利用者の情報をそれぞれ情報収集シート「これが私：くらし」「これが私：からだ」「これが私：こころ」に分けて収集してきた。本来、人はそのように分けられるものではなく、ひとりの人の「くらし」「からだ」「こころ」は、それぞれが互いに影響し合っている。例えば、辛いことがあって、食欲がなくなり、体調がすぐれない、といったことはよくあることである。

　また、介護に必要と思われる情報は同じでも、AさんとBさんとでは、その情報のもつ意味が異なる。そのため、その人にとっての情報の意味を考え、その人にとって適切な介護を実践することが大切である。

アセスメントシートを記入する目的

　アセスメントシートは、情報収集シートで集めた情報が何を意味するのかを考え、利用者の生活課題を明確にするとともに、生活課題に対しどのように介護していくかの方向性を検討し、判断することが目的である。

アセスメントシートの構成

　アセスメントシートは、「情報の整理」「情報の分析・解釈・統合」「判断」を記入する欄により構成されている。

これが私		情報の整理 （事実を簡潔に記入）	情報の分析・解釈・統合	判断 ① 利用者の願いや思いは何か ② 介護福祉職からみて必要なこととその根拠は何か ③ 介護の方向性の判断	生活課題	優先順位
くらし	1 これまでの私					
	2 私をとりまく人々					
	3 今の私の過ごし方					
	4 くらしの状況					
	5 住んでいるところ					
からだ	6 基本情報身体の状況					
	7 コミュニケーション					
	8 移動・起居動作					
	9 睡眠					
	10 食事					
	11 排泄					
	12 清潔・整容					
こころ	13 うれしい・楽しいこと					
	14 趣味・好きなもの・したい・して欲しいこと					
	15 大切・誇り私の生き方					
	16 辛い・したくないこと					
	17 ここ・家族・故郷への思い					
	18 家族の意見・要望					

1）情報の整理

「情報の分析・解釈・統合」を行うにあたり、どの情報について分析・解釈を行うか、あるいは、どの情報をもとに分析・解釈を行うかをわかりやすくするために、情報収集シートに記入した情報を項目にそって整理する。

① 情報収集シート「これが私：くらし」「これが私：からだ」「これが私：こころ」に記入した情報のうち、○○さんの介護に必要と思われる情報、あるいは○○さんの困っていることや生活の活性化につながることなどを抜き出して記入する。
② 情報収集シートにある情報（事実）を簡潔に記入する。
③ 情報収集シートにない情報を追加記入しない。
④ 情報（事実）に解釈を加えないで、事実をそのまま記入する。

2）情報の分析・解釈・統合

情報の分析・解釈・統合は、第4章48～50ページで学んだように介護の方向性を大きく左右する。

〈情報の分析・解釈・統合〉は、情報のもつ意味を考えることである。そして、情報の分析・解釈・統合を通し、利用者の全体像を把握する。

- その人にとっての情報の意味を考える
- 専門的知識でその情報を分析・解釈する

→ ・情報の分析・解釈を通して、利用者の全体像を理解する

ここでの大切な点や、工夫例などを次に説明する。

【情報の分析・解釈・統合をする際に大切な点】

①「情報の整理」で整理した個々の情報について、情報のもつ意味を考えるとともに、情報同士の関連性を考える。
②利用者にとってこの情報の意味は……、情報と情報の関連性は……、重要性は……と情報を分析したり、解釈したり、情報を関連づけて考える（情報の分析・解釈・統合の意味については、48ページ参照）。
③これまでに学んできた知識を活かしながら、分析・解釈を行う。例えば、要介護2の状態像からみて……、便秘の原因として考えられる点からみて……など、情報のもつ意味や専門的知識を活用しながら分析・解釈する。
④利用者の特徴や個別性をみる。介護福祉職からみた視点だけでなく、利用者の立場に立って分析・解釈することを忘れない。
⑤利用者の生活全般を視野に入れて情報の関連をみる。

【情報の分析・解釈・統合をする際の工夫例】

①「情報の整理」で記した情報について、ある視点からみて関連性がある情報や類似する情報については、色分けや記号（○△▲……）を付けるなどの視覚的工夫を行うと、思考や文章化の助けとなり、情報の分析・解釈をしやすくする。
（1つの情報が、複数の色や記号でマークされても問題ない。また、複数のマークが付く情報は、利用者にとって大切な情報となる場合がある。）
②分析・解釈した内容ごとに、①②③……と番号を付けると、内容がわかりやすい。

【利用者の全体像を理解するために】

利用者の特徴や個別性をみながら情報を分析・解釈し、そして利用者の全体像を理解していくのは難しいことである。そのため、ある一定の視点から情報を分析・解釈することは、初学習者の思考を助けると思われる。
利用者の全体像を理解するための視点を、例として示す[1]。分析・解釈が難しい場合は、これらの視点からみて関連する情報をピックアップし（下線や色分け）、その情報同士の関連性や情報の意味を分析・解釈し、まとめていくのも一つの方法である。

- ○○さんの願い・要望は何か
- ○○さんの現在の生活状況、身体面、精神面、社会面はどのようであるか
- ○○さんの楽しみや生活の活性化につながるものは何か
- ○○さんの困っていることや、生活の制限になっているものは何か
- ○○さんを取り巻く環境（物的・人的）で良い面や気になる点はないか

3）判　断
（1）判断に必要な視点

　判断の目的は「利用者の全体像の理解」だけでなく、「根拠を踏まえた生活課題の抽出」や「支援の方向性」を検討することである。
　判断をまとめる（統合する）視点として、以下を提示する。
　　①利用者の願いや思いは何か
　　②介護福祉職からみて必要なことと、その根拠は何か
　　③介護の方向性は何か

【判断する際に大切な点】

①〈情報の分析・解釈・統合〉で記入した内容が、利用者の望む生活や介護福祉職の判断からみて「生活課題」になるのかどうかを検討する。
②「生活課題とする」場合は、その理由・根拠は何かを検討する。また、「生活課題としない」場合も、その理由・根拠は何かを検討する。
③「生活課題とする」場合は、介護の方向性として考えられること、必要なことを記入する。
④「介護の方向性として考えられること、必要なこと」として記した内容は、「生活課題」に対して立案する「介護計画」に活かす。

【判断する際の工夫例】
　「情報の分析・解釈・統合」で、分析・解釈・統合した内容ごとに番号を付している場合は、その番号を利用して、例えば次のように根拠を示しながら記入し、判断する。

・①より、～と考えられるため、生活課題とする。
・②③より、～と考えられるため、～が必要である。
・④は、～なので生活課題として取り上げなくてもよい。

（2）生活課題

〈情報の分析・解釈・統合〉で記入した内容および介護の方向性の判断をふまえ、利用者の生活課題を決定する（52ページ参照）。

生活課題の決定については、次を意識する。

　①利用者の願いや思いは何か

　②介護福祉職からみて必要なこととその根拠は何か

　③〈介護の方向性の判断〉を踏まえ、「生活課題」として抽出された内容を簡潔に記す

【生活課題の表現方法】（52～53ページ参照）

①△△による○○ 　△△のため○○	生活に支障が生じている「原因」や、生活課題としたい「理由」があり、その「原因・理由」を明確にしておくことが今後の介護活動に有効であると判断された場合には、『△△による○○』『△△のため○○』と表現する。 【△△＝原因・理由】　【○○＝課題、状況】
②～したい	利用者の願いや意欲・可能性として表現する。
③△△で○○の必要性がある 　△△で○○の可能性がある	生活に支障が生じている「原因」や、生活課題としたい「理由」があり、現状をそのまま表現することが適していると判断された場合には、『△△で○○の必要性がある』『△△で○○の可能性がある』と表現する。 【△△＝原因・理由】　【○○＝課題、状況】

【上記①～③の表現方法の例】

〈判断〉の欄で記載した内容（例）	生活課題の表現（例）
脳梗塞で失語症があり、その結果、自分の言葉を他者に伝えるのが難しい	①の表現で、 『脳梗塞による失語症のため他者に自分の言葉を伝えることが難しい』
利用者は、他者との交流を望んでいる	②の表現で、 『他者と交流したい』
日常生活で転倒の危険性があり、その結果、骨折をすると現在の生活の維持が難しい	③の表現で、 『転倒、骨折すると現在の生活状況を維持できない可能性がある』

【利用者本人および他者と共有できる生活課題とするために必要な視点】

- カンファレンスなどで利用者本人をはじめとして、関係職種など複数の人の意見を聞いて検討することは大切である。
- ①利用者の願い・思い・希望、②生命を脅かすような緊急性、③さまざまな生活支障の多くにかかわっている重大な事柄について、他者と意見交換を行うことで、介護福祉職の価値観のみに偏ることを避けることができる。
- 検討した内容を示すことは、生活課題の優先順位の根拠を示すことにつながる。

（3）優先順位

生活課題が複数ある場合は、優先順位を決定する（53ページ参照）。

1、2……と、優先順位の順番をつける。

【優先順位を判断する基準（例）】
- 利用者の願いや思い、要望
- 生命を脅かすような緊急性のあるもの
- さまざまな生活支障に多くかかわっている重大な事柄
- 生活の継続性の尊重
- 自立した生活の妨げとなるもの、など

3　介護計画シートの書き方

介護計画シートを記入する目的

介護計画シートは、アセスメントシートで抽出された「生活課題」に対する「計画」を立案し、計画に対する「実施」と「評価」を記入するシートである。

介護計画シートの構成

介護計画シートは、「生活課題」「長期目標」「短期目標」「具体的方法」「実施」「評価」の6つを記入する欄により構成されている。

介護計画の立案・実施・評価の経過を一覧できることが特徴である。

介護計画シート									
生活課題	長期目標	短期目標	月日	具体的方法	月日	実施	月日	評価	

介護計画シートは以下の順序と内容で書く。

1）介護計画の立案	①アセスメントシートの生活課題を優先順位に従って転記する。 ②生活課題に対応した長期目標、短期目標を設定する。 ③具体的方法を考える。
2）実　施	具体的方法に沿って、行った介護の実施内容と結果を記入する。 実施した日時も記入する。
3）評　価	短期目標に対しての評価を行う。

1）介護計画の立案

誰もが同じように介護を実施できるように具体的に表現する。

計画立案日・実施日・評価日を記入することで、より具体的に書くことができる（**介護計画の立案時の注意点は、54～55ページ参照**）。

（1）生活課題

「アセスメントシート」に記入した「生活課題」を、優先順位に従って転記する。

（2）長期目標

生活課題を達成するための介護の方向性や、利用者の生活の望ましい方向を示す。

【長期目標の書き方と注意点】

①目標は利用者が納得できるもので、利用者と介護福祉職とで共有できるものとする。
②短期目標が達成されることで、長期目標の状態に近づく。
③一般的に3ヶ月～1年位の、利用者の生活の望ましい方向を示す。
④期限を設定し、評価する日を決める。
⑤利用者のありたい姿で表現する。
⑥利用者を主語にして表現することにより、利用者主体であることを具体的に示す。

第5章 「介護過程展開シート」の書き方

（3）短期目標

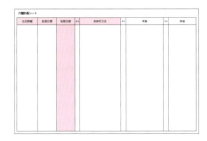

「長期目標」を達成するために、およそ1週間から3ヶ月位を目安に設定された短期の目標を記入する。長期目標と短期目標の関係は、短期目標が達成されることで長期目標の状態に近づく。

【短期目標の書き方と注意点】

①利用者が納得できるもので、利用者と介護福祉職とで共有できるものとする。
②1つの生活課題に対しての短期目標は、1つの場合もあれば複数の場合もある。
③生活課題に取り組むことで達成したい目標、望ましいと思われる結果を表現する。具体的で、利用者の個別の状況に合った表現にする。
④評価が可能なように、具体的な表現（結果を示した表現、具体的な数字など）で書く。
⑤期限を設定し、評価する日を決める。
⑥利用者を主語にして表現することにより、利用者主体であることを具体的に示す。
⑦文末に（　　）をつけて、達成を目指す期限（評価日）の日付を記入しておく。
　例：(XXX6/7/1)

【短期目標の書き方例】

　　×　日中メリハリのある暮らしをする (XXX6/7/1) ←評価が可能な具体的表現でない
　　○　廊下の鉢植えに水やりをすることが生活習慣になる (XXX6/7/1)

（4）年月日
具体的方法を立案した年月日を記入する。

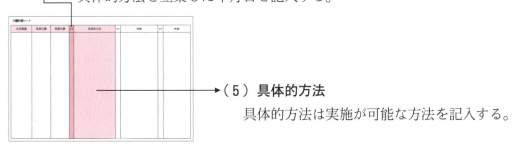

（5）具体的方法
具体的方法は実施が可能な方法を記入する。

【具体的方法の書き方と注意点】

①誰にでも誤解なく同様の介護が提供できるように、具体的方法は「何のために」「いつ」「どこで」「何を」「どのように」「誰が」行うのか、具体的に計画を書く。
②その人に合った状況や無理のない方法で計画立案する。
③計画は、利用者や家族が納得していて、利用者の能力が活用できるものとする。
④見守りや観察をする場合の具体的内容、統一した言葉がけや特に留意する言葉がけがある場合は「どのように・何を話すか」のポイントを記入する。
⑤危険性とその予防について具体的に示す。

2）実　施

「具体的方法」として立案した介護計画の内容をもとに実施する。

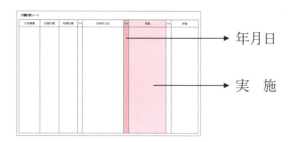

→ 年月日
→ 実　施

（1）年月日
「具体的方法」を実施した年月日を記入する。

（2）実　施
「具体的方法」の実施経過や実施内容、実施した結果である利用者の状況や反応、実施の結果を記入する。また、実施できなかった場合には、その理由を書く。

【実施の書き方例】
- ×　ベッドから車いすへの移乗の見守りをした。
  - →　具体的でないので状況がわからない
- ○　ベッドから車いすに移乗する時、車いすはベッドの右側にできるだけ近づけてブレーキをかけて置き、L字バーにしっかりつかまるように声かけをした。右足に震えがあったが、ふらつきはなかった。

3）評　価

「実施」した結果に基づき評価する。

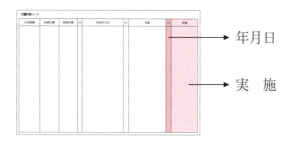

→ 年月日
→ 実　施

（1）年月日　「評価」した年月日を記入する。
（2）評　価
①短期目標の評価日、あるいは実施日から評価期限の期間に評価する。
- 実習の場合、学生が実習できる期間は限られているので、実施のつどに評価することもできる。
- また、実施中間日、実施最終日に評価することもできる。

②実施をふり返り、目標が達成されたかどうかを評価する。

③目標が達成された場合は、継続するか長期目標に照らし合わせて更なる短期目標を設定することもできる。

④目標が達成されなかった場合は、介護計画やアセスメントの段階にさかのぼって理由や原因を検討し、見直しを行う（55～56ページ参照）。

⑤利用者や家族の満足感、安全性、効率性、経済性についても検討する。

第5章 「介護過程展開シート」の書き方

ジェノグラム

ジェノグラム（genogram）とは、原則として3世代をさかのぼる家族員の見取り図のことをいう。アメリカの家族療法家であるボーエン（Bowen, M.）が開発した。

家族関係（血縁関係でなくても家族と関係が深い人を含む）のライフイベント（結婚、離婚など）を表し、視覚的に理解しやすいのが特徴である。

複雑な家族関係を文字で表現しようとすると、記入者、読む人は時間がかかる。ジェノグラムで表記すると、利用者を取り巻く家族の全体像を記入者、読む人が短時間で理解できるという利点がある。

基本的な書き方のルールは以下の通り。
①男性は□、女性は○、性別不詳は△で表す。
②利用者本人は二重で表す。　□　◎
③死亡している場合は、×を入れたり、黒く塗りつぶす。　⊠　■
④関係性は線で示す。
⑤決まり事ではないが、年齢を記入すると現在の状況が分かりやすくなる。それぞれの記号の中や、記号のすぐ下に年齢を書き入れてもよい。

〔例〕

結婚　　　別居　　　離婚　　　同棲または恋愛関係

⑥本人より下の世代は下に書き、兄弟姉妹は年齢の高い順に左から書く。
⑦実線は実子、点線は養子または里子を示す。
⑧同居は点線、または実線で囲む。

〔例〕

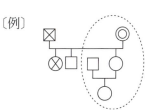

〈演習〉
　ジェノグラムについて理解を深めるために、サザエさん一家のジェノグラムを記入してみよう。
（サザエさんを「本人」とし、同居家族のみを記入する）

（答えは次ページ）

【第4章・第5章　参考文献】

1）柊崎京子「介護過程のアセスメントシートの作成―アセスメント段階における理解を高めるための2つのアセスメントシート―」共栄学園短期大学研究紀要26号，2010年3月，pp.1-27
2）介護福祉教育研究会「介護過程の教育方法を探る（その2）―学生がもてる力を発揮するために―」第9回介護福祉教育学会発表抄録集，2001年
3）介護福祉教育研究会（池上美矢子他）「介護過程の教育方法を探る（その1）―教育方法の検討に必要な視点―」『介護福祉教育』No.16（第9巻第1号），中央法規出版，2003年，pp.91-94
4）介護福祉教育研究会「介護過程の教育方法を探る（その3）―学生が利用者の願いや希望をくみ取る力をつける授業への取り組み―」第11回介護福祉教育学会発表抄録集，2006年
5）介護福祉教育研究会（新井幸恵他）「介護過程の教育方法を探る（その4）―介護実習における『利用者の願いや希望をくみ取る力』の検証―」『介護福祉教育』No.22（第12巻第1号）中央法規出版，2006年，pp.44-48
6）介護福祉教育研究会「介護過程の教育方法を探る（その5）―介護過程ワークシート作成にむけた介護過程の概念の検討―」第13回介護福祉教育学会発表抄録集，2007年
7）介護福祉教育研究会「介護過程の教育方法を探る（その6）―利用者の願いや希望をくみ取る情報収集用紙の作成―」第13回介護福祉教育学会発表抄録集，2007年
8）介護福祉教育研究会（柊崎京子他）「介護過程の教育方法を探る（その7）―利用者理解のための情報収集用紙の検証―」『介護福祉教育』No.26（第14巻第1号），中央法規出版，2008年，pp.44-50
9）介護福祉教育研究会「介護過程の教育方法を探る（その8）―利用者を統合的に理解するためのアセスメントシートの作成―」第15回介護福祉教育学会発表抄録集，2008年
10）永田久美子編著「認知症ケアをもっと"楽"に！『本人と家族のためのセンター方式ガイド』」認知症介護研究・研修東京センター，2008年
11）認知症介護研究・研修センター「センター方式の使い方・活かし方」中央法規出版，2005年
12）山辺朗子他編著「ソーシャル・ケアワーク論」ミネルヴァ書房，2001年
13）鈴木聖子・谷口敏代・上之園佳子編著「地域ケアを拓く介護福祉学シリーズ・生活支援の実践」光生館，2015年

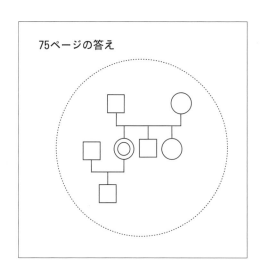

75ページの答え

Ⅲ Bさんの事例

　この事例は学生が介護実習で介護過程を展開したものです。あくまでも一つの例として皆さんの学びに役立ててほしいと願っています。

これが私：くらし

◎ 利用者本人　　○ 記入者が観察したこと　　△ 家族　　▽ 職員　　□ 記録

これまでの私

生まれた所、子どもの頃の家族や好きな遊び、よく思い出すエピソード、成人してからの家族や仕事、入所年月日、趣味など

- □ 小さい頃はとても苦労していた。両親を早くに亡くし、兄弟も皆、幼いうちに亡くなった。

- ◎ 12歳の頃には、実家を出て働いた。困った事はあったが辛いと思ったことはない。結婚してからは夫に尽くした。家事ばかりしていた。3人の子どもを育てた。60歳をすぎてから書道と生け花の資格をとった。

- □ 73歳　夫死亡。独居となる。

- □ 75歳でうつ病を発症した時には通院治療をしながら独居生活をしていた。2年前、うつ病が悪化し食事摂取ができず、長期入院（1年）をした。その後、1年前に当施設に入所した。

- ○ 現在、足の痛みのために車いすを使用している。

- ◎ 入所後は慣れなかったが、体調がよいときは絵を描いている。

私をとりまく人々

家族、親戚、同施設の利用者、大切な人、傍にいてほしい人、頼りにしている人、気になる人、苦手な人、会いたい人、ペットなど

- ◎ 夫と娘、2人の息子の5人暮らしだった。孫は7人いる。買い物をしてくれたり、あれこれと面会に来てくれる娘を一番頼りにしている。

- ◎ 職員の方はみなよくしてくれる。みなさんに世話になっているので、どんな小さなことでも私にできることを手伝いたいと思っている。

- ◎ いつも食堂からの帰りの廊下でおしゃべりするTさん、Nさん、Yさんは施設に入ってからの友達。

- ◎ 尋常小学校の時、仲の良かったKさんと会いたいと思うようになった。

今の私の過ごし方

午前	起床		
5:00	ストレッチなどの自己流の運動をする	月	
6:00	洗面、トイレ	火	午後入浴
7:00	朝食、口腔ケア		
7:30	入居者と廊下でおしゃべりをする	水	
10:00	居室で絵を描く		
午後			
12:00	昼食、口腔ケア	木	隔週午後、書道クラブ
14:00	ベランダで外気浴		
16:00	入居者と廊下でおしゃべりをする	金	午後入浴
夕方	居室でのんびりする		
18:00	夕食、口腔ケア	土	どちらかの曜日に娘が来る
19:00	廊下でおしゃべり		
夜		日	
20:00	洗濯物をたたむ、洗面・義歯洗浄、パジャマに着替える		
21:30	就寝		

思い入れのある日課

- ◎ 絵を描くこと→楽しいし、集中できて嫌なことも忘れてしまう。
- ◎ 入居者の友達とのおしゃべり→話は楽しい。
- ◎ 清拭タオルやその他の洗濯物をたたむ→職員の負担を軽くしたい。

楽しみにしている行事

- ◎ 正月→子どもの頃からわくわくする。
- ◎ 桜の見物→絵も描ける。美しい景色は命の洗濯をしてくれる。
- ◎ 小学生・中学生の近所の子どもの施設訪問→元気な子どもに会うと自分まで元気になる。

第5章 「介護過程展開シート」の書き方

学籍番号：＿＿＿＿＿＿＿＿　氏名：＿＿＿＿＿＿＿＿＿

くらしの状況		現在どのように暮らしているか	私の願い・要望
コミュニケーション	他者との会話	○ 親しい入居者と1日数回話をしている。	◎ 年賀状や手紙は大切。
	手紙・メール・電話など	○ 電話は時々、家族にかけている。ボランティアと手紙をやりとりしている。	
調理と片づけ	調理・保存	○ 施設で行っている。	◎ 満足している。
	配膳・下膳・片付	○ 職員が行っている。	
衣類	衣類の管理	◎ ボタンが取れたときは職員に依頼している。	◎ きれいな服を着て身だしなみを整えたい。
	洗濯	○ 施設で行っている。	
	状況に合わせた選択・調整	◎ 着やすくて清潔感のある服を選んでいる。着替えは職員が手伝ってくれる。	
整容	身だしなみ	◎ 人が見て不快に思わないように気をつけている。	◎ 私の好みを大切にしてほしい。
	おしゃれ	○ シルバーグレーのショートカットの髪をいつも整えている。	
整理掃除	整理整頓	○ 部屋はいつも片づいている。	◎ 今のままで十分。気持ちよく暮らし続けたい。
	掃除	◎ ベッド回りの空拭きは毎日している。	
	身の回りの整え	○ 車いすはすぐ使えるように傍に置いている。	
	装飾	○ 家族の写真を飾っている。	
金銭管理	生活費の源	□ 年金。	◎ 今のままで十分。欲しいものは娘が買ってきてくれる。
	管理方法	◎ 長女が管理をしてくれている。	
	お金の使い道	○ 決まった出費以外に画材を買ってもらう。	
外出	外出方法	◎○ 車いすを使用。	◎ 足腰が元に戻ったら外を散歩したい。
	外出先	◎ 娘が時間のあいた時に一緒に外食をする（月1回程度）。	
買い物		◎○ 家族に頼むことが多い。	◎ 買い物できるか……。
薬の管理		▽ 看護師が管理している。	◎ ありがたい。
その他（仕事など）			

今住んでいるところ

私の部屋 ： 一戸建て、集合住宅、持家・賃貸、(施設)		よくいく場所、近所の様子
[間取り図：窓、ベッド、キャビネット、車いす、洗面台トイレ、入口、家族の写真]	・トイレ、洗面台のある2階の個室。 ・スケッチブック、絵の道具も使いやすく配置し、部屋はいつも片付いている。	◎ 自分の描いた絵が飾ってある廊下が気になる。 ○ 2階から見える近隣の住宅街は新しい家が多い。

これが私 ： からだ

◎ 利用者本人　　○ 記入者が観察したこと　　△ 家族　　▽ 職員　　□ 記録

〈基本情報及び身体の状況〉

氏名（イニシャル）	性別	生年月日	年齢
B	男　(女)	○○年　△月　△日	86 歳

□ 要介護度（要介護2）	□ 障害支援区分（A1）	障害高齢者自立度（B1）　認知症高齢者自立度（自立）

ケアプラン〈目標〉（XXX6年4月1日）
　□ 総合的な援助方針：心身機能を維持し、無理のない範囲で生活面の活性化を図れるよう支援していきます。

過去の病気やけが	現在の病気や障害
45歳頃　　子宮筋腫の手術	75歳～　うつ病 76歳　　逆流性食道炎 77歳～　脊柱管狭窄症 　　　　両膝関節症

受けている医療	身体の状況 （麻痺・拘縮・変形・痛み・腫れ・浮腫・皮膚の状態などを記入する）
□▽　うつ病 　・・・抗うつ剤を服用している。うつ病が悪化すると、他者のかかわりを嫌がるため、必要な声かけだけを行い、見守りをしている。 □▽　脊柱管狭窄症 　・・・脚の痛み、しびれが強くなった時は整形外科を受診している。	（人体図） ◎　脚の痛み、しびれ・・・特に朝方が強い

現在使用中の薬（効果や副作用も記入）
- □　ミオチール50mg→筋肉の緊張状態の改良
- □　ガスモチン5mg→消化管の運動を良くする
- □　タケプロン→消化性潰瘍治療薬
- □　ワイパックス0.5mg→精神安定薬
- □　トレドミン25mg→抗うつ薬
- □　リーマス100mg→躁病に対する治療薬
　　（注意すべき副作用：下痢、嘔吐、身体の震え、倦怠感）

身長：150 cm　　　体重：45 kg

〈コミュニケーションとADL〉

	項目	今の私の状況	私の願い・要望
コミュニケーション	見る	◎ 眼鏡さえかければ何でも見える。ただ、夜になると見えづらくなる。	◎ ボランティアと手紙のやりとりをしている。いつまでも手紙を書いていたい。
	聞く	○ 普通の話し声や物音は聞こえる。 ◎ 物事に集中すると聞こえない。	
	話す	○ 自分の意思を言葉で伝えることができる。	
	書く	○ 毎日、何か気になったことをメモ帳に書いている。	
	記憶する	▽ 年齢相応の物忘れはあるが、日常生活に支障はない。	
	理解する	○ その日の新聞の内容を話題にすることがある。	

第5章 「介護過程展開シート」の書き方

学籍番号：　　　　　　　　氏名：

	項目	今の私の状況	私の願い・要望
起居・移動動作	寝返り・起き上がり	○ ゆっくりでも自分でできる。	◎ 脚が痛くないときは、たくさん歩きたい。動かないで静かにしていると膝がかえって痛くなる・・・。
	座位姿勢と保持	○ 背もたれと肘かけがあれば座位保持ができる。	
	立ち上がり	○ 柵などにつかまりながら、ゆっくりと一人で立ち上がる。	
	立位姿勢と保持	○ 柵などにつかまれば、数十秒は立っていられる。	
	移乗動作	○ 椅子の肘かけをつかんで一人でできる。	
	歩行・移動動作	○ 車いすを使用して自分でこいでいる。	
	転倒しやすい場面	▽ うつ病が悪化すると移乗の際、ふらつきがみられる。	
	その他		
睡眠	休息	◎○ 食後は疲れるのでベッドで30分休む。	◎ これからもぐっすり眠りたい。
	睡眠	▽ 尿意のため夜間1〜2回目覚めることがある。6時間はとれている。	
食事	口腔の状況 咀嚼・嚥下	○ 総義歯で、せんべいも食べている。 ○ むせていない。	◎ おいしいので特に不満はない。ただ、同じようなメニューを続けないでほしい。
	食欲	○ ほぼ全部食べている。　□ 食欲にむらがある。	
	食事形態	○□ 一般食。	
	水分摂取	◎○ 自分でお茶を入れて飲んでいる。	
	食事姿勢と保持	○ 30分間座っている。	
	食事摂取方法	○ 自分で箸を使って食べている。	
	食事中の様子（意欲・時間など）	○ 同じテーブルの方とおしゃべりしている。	
	その他	○ 服薬管理は看護師がしている。配膳時に薬を渡す。自分で服用する。	
排泄	尿意・便意	尿意：◎自分でわかる　　　　便意：◎自分でわかる	◎ トイレはできる限り人様のお世話になりたくない。
	失禁の有無	□ くしゃみをして尿が漏れたことがある。	
	排尿方法と回数　日中	◎ 自室内のトイレ　5〜6回位／日	
	排尿方法と回数　夜間	◎ 自室内のトイレ　1〜2回位／日	
	排便方法と回数	◎ 自室内のトイレ　1回／日	
	その他		
清潔・整容	入浴、洗髪	○ シャワーチェアーを使用。体は、背中と足先以外自分で洗う。 ○ 洗髪は、職員が行う。	◎ お風呂は気持ちがよいし、さっぱりするので好き。以前は体が動かなく、怖かったけど、今は自分で体が洗えるようになった。いつまでも自分で洗いたい。
	洗面（手洗い含む）	◎ 部屋の洗面台で一人で行う。	
	歯みがき	◎○ 義歯洗浄剤をよく使う。よくうがいをする。	
	整髪、髭剃り、化粧、爪切り	◎ 化粧はしないが、化粧水・乳液で手入れをする。	
	着替え	◎ 着替えの衣類を用意してもらえれば自分でできる。 ◎ 自分で着替えはできるが、背中に手が届かないときは手伝ってほしい。	
	その他		

これが私 : こころ

◎ 利用者本人　　○ 記入者が観察したこと　　△ 家族　　▽ 職員　　□ 記録

私の辛いこと（苦痛、不安、悲しみ）、したくないこと
- ◎「入所して間もない頃は、周囲の人から悪口をいろいろ言われて嫌だった」
- ◎「トイレはできる限り、人様のお世話になりたくない」
- ◎「したくないこと？あまり考えたことない。できなくなる方が心配」
- ▽体調が悪かったり、心配事があってもAさん自身で解決しようという気持ちが強い。
- ▽子どもの頃の苦労したことは話したくないと言っている。

ここにいること、家族・故郷への思い
- ◎「入所当時慣れていなかったし、体も全部つぶれそうな感じだったから、本当に辛かった。でも今は別にない」
- ○Aさんのお部屋は整理整頓されていて、快適に住もうと工夫されている。
- ◎「家族が会いにきてくれるのはうれしい。会いにきて来てくれる時は塗り絵とか、いろいろなものを持ってきてくれる」
- ○家族との面会時、とてもうれしそうに喜んでいた。

私が大切にしていること、誇りにしていること
私の生き方（健康に対する思い・宗教・死生観・性に関すること・その他）
- ◎「誇りにしていることは、60歳を過ぎてから書道と生花の資格を取ったこと」
- ◎「家族は私の心の支え」と笑顔で話している。
- ◎「健康が第一ね。元気だったら家族にも心配かけないし…。大好きな絵も描けるし…」

家族の意見・要望
- △他の人たちと仲良くし、穏やかな日々を送ってほしい。

第5章 「介護過程展開シート」の書き方

学籍番号：＿＿＿＿＿＿＿＿　氏名：＿＿＿＿＿＿＿＿＿

私がうれしいこと、楽しいこと、心地よいと感じること

- ◎「家族が会いに来てくれ、あれこれとおしゃべりをするのは楽しい」
- ◎「毎日、絵を描ける体調だとうれしい」
- ◎「朝、目が覚めた時、気持ちがいい」
- ◎「自分の部屋でのんびりしたり…元気が一番よ」
- ◎「お風呂は気持ちいいし、さっぱりするので大好き」

趣味・好きなもの（食べ物・好みの色・服装など）したいこと、して欲しいこと

- ◎「好き嫌いは、特にないわね。ただ同じようなメニューを続けないでほしい」
- ◎「私は、どんな色も好きよ。しいてあげれば紫ね。洋服も紫が多いのよ」
- ◎「毎日、絵を描くことをこれからもずっと続けたい」
- ○絵を描くことが習慣になっているAさんは、描いている時は周りを気にせずに集中している。
- ◎「足腰が元に戻ったら外を散歩したい」
- ◎「月2回の書道クラブじゃ物足りないから、部屋でできるよう準備している」

- ○家族の写真を部屋の壁に貼ってある。
- ○Bさんの描いた絵が廊下に飾ってある。
- ◎「私は早くに父母を亡くし、一生懸命生きてきた。むこうへ行ったら、お父さんやお母さんにほめてもらいたい…」
- ◎「みんなにあまり迷惑をかけないで死にたい」
- ◎「ハンサムで優しい男性が好き」

83

アセスメントシート

これが私			情報の整理 （事実を簡潔に記入）	
くらし	1	これまでの私	早くに両親・兄弟を亡くし、12歳から働いていた。結婚して3人の子どもをもち、家事に専念していた。60歳をすぎてから書道と生花の資格をとった。73歳で夫が他界し独居となる。75歳でうつ病を発症し、2年前には悪化し食事摂取ができず1年の長期入院をした。病院から1年前に入所した。	①心身機能・身体構造、活動、参加に関する情報を分析・解釈・統合している
	2	私をとりまく人々	娘と2人の息子、7人の孫がいる。娘を一番頼りにしている。入居してからの友人はTさん、Nさん、Yさん。かかわりのある人は施設職員、ボランティア。	
	3	今の私の過ごし方	朝は5時に起きて、ストレッチをしている。午前中は居室で絵を描いて、午後は体調が良ければベランダに出たりして、夕食までのんびりしている。隔週木曜日に書道クラブに参加。夕食後は、洗濯物たたみなど職員の仕事の手伝い。21時30分に就寝。	
	4	くらしの状況	車いすを利用した生活をしている。部屋はいつも片付いている。娘と月に1回位外食をしていて、足腰がもとに戻ったら外を散歩したいと希望している。ボランティアと手紙のやりとりをしている。	②利用者の思いや願いに関する情報を分析・解釈・統合している
	5	住んでいるところ	トイレ・洗面台がある個室。スケッチブックなど絵の道具も使いやすく配置している。2階から見た近隣は住宅街で新しい家が多い。自分の描いた絵が廊下に飾ってある。	
からだ	6	基本情報 身体の状況	脊柱管狭窄症・両膝関節症があり、下肢の痛みとしびれがある。特に朝方が強い。75歳から抗うつ薬（注意すべき副作用あり）、精神安定剤などを服用している。うつ病が悪化した時には、他者とのかかわりを嫌がる。	
	7	コミュニケーション	自分の意思を言葉で伝えることができる。毎日気になったことをメモ帳に書いている。その日の新聞の内容を話題にすることがある。	③日常生活に関する情報を分析・解釈・統合している
	8	起居・移動動作	車いすを自操しているが、うつ病が悪化すると移乗の際に不安定になる。下肢が痛くない時はたくさん歩きたい。動かないとかえって痛くなる。	
	9	睡眠	睡眠は6時間ほどとれている。食後30分ほどベッドで休む。これからもぐっすり眠りたい。	
	10	食事	食事はむせることなく、一般食をほぼ全量食べることが多いが食欲にむらがある。自分でお茶を入れて飲んでいる。	
	11	排泄	くしゃみで尿漏れすることがあったが、自室内のトイレで自立している。いつまでも自立したいと願っている。	
	12	清潔・整容	入浴では、背中と足先、洗髪以外はシャワーチェアーを使って自分で洗うことができる。風呂は大好き。以前は身体が動かなくて怖かった。	④活動・参加、精神面に関する情報を分析・解釈・統合している
こころ	13	うれしい・楽しいこと	家族が会いにきてくれること。毎日絵が描ける体調であること。自分の部屋でのんびりしていること。お風呂でさっぱりすること。元気が一番。	
	14	趣味・好きなもの したい・して欲しいこと	食べ物に好き嫌いはない。紫色が好きで、着ている服も紫色が多い。毎日絵を描くこと。足腰がもとに戻ったら外を散歩したい。	
	15	大切・誇り 私の生き方	60歳から書道と生花の資格をとった。家族は心の支え。健康は第一。一生懸命生きてきた。むこう（天国）に行ったら両親にほめてもらいたい。みんなにあまり迷惑をかけないで死にたい。	
	16	辛い・したくないこと	トイレはできる限り人様の世話になりたくない。今できていることが、できなくなる方が心配。	⑤人的・物的環境に関する情報を分析・解釈・統合している
	17	ここ・家族・故郷への思い	入所当時は身体がつぶれそうな感じで辛かったが、今はない。家族が来てくれるのが嬉しい。入所して間もないころは、周囲の人から悪口をいろいろ言われて辛かった。	
	18	家族の意見・要望	他の人たちと仲良くし、穏やかな日々を送ってほしい。	

第5章 「介護過程展開シート」の書き方

学籍番号：＿＿＿＿＿＿＿　氏名：＿＿＿＿＿＿＿

情報の分析・解釈・統合	判断　①利用者の願いや思いは何か　②介護福祉職からみて必要なこととその根拠は何か　③介護の方向性の判断	生活課題	優先順位
①　1、3、5、6、7、8、13、14（生活機能の状況）脊柱管狭窄症・両膝関節症があり車いすを使用している。現在はうつ病の症状はないが、うつ病が悪化すると「他者とのかかわりを嫌がる」「食欲のむらがある」「移乗の際に不安定になる」などがある。コミュニケーションについては自分の意思を言葉で伝えることができ、生活面では食事・排泄・入浴などを自分でできている。また、生活全般の状況は、朝5時に起床してストレッチをし、午前中は絵を描いて過ごすなど、規則正しい生活を送っている。毎日絵が描ける体調でありたい、足腰がもとに戻ったら外を散歩したいと希望している。	1　左記①②④より、コミュニケーションについては自分の意思を言葉で伝えることができ、「毎日絵が描ける体調でありたい」「足腰がもとに戻ったら外を散歩したい」「職員の負担を軽くしたいと、洗濯物たたみをしている」など、本人から直接願いや要望が表現されている。絵を描くことは、現在できており、続ける意思もある。また、「毎日絵が描ける体調でありたい」は本人の生きがいや健康の指標になっているとともに、機能の維持に役立っている。そのため、絵を描き続けることができるよう生活課題とする。「毎日絵が描ける体調でありたい」という本人の希望を継続するためには、介護の方向性として、現在の機能を維持する必要がある。自力でできているものや意欲のあるものはできるだけ続けた方がよいと考えられる。生活全般は規則正しいので、このリズムを保っていけるようにするのが望ましい。	1. できる限り絵を描き続けたい。1	1
②　3、4、11、14、15（思いや願い）60歳から書道と生花の資格をとった。書道クラブ、洗濯物たたみの手伝い、ストレッチなどに意欲があり、毎日絵を描くことを願っている。また、足腰がもとに戻ったら外を散歩したいと希望している。歩きたいという強い希望をもっているが、歩けるかどうかの医療面の情報が不足している。	2　①②③より、「足腰がもとに戻ったら外を散歩したい」と希望している。本人の歩きたいという思いを尊重し、受け止めたうえで、意欲を失わないような対応を考えていく必要がある。本人の希望に沿った生活とするため、散歩の希望については生活課題とする。下肢の痛みとしびれ（特に朝方）は、日常生活を送る上で問題となる。介護の方向性として、医師や理学療法士から情報を得るとともに、痛みに対する処置などについての連携を取り、対応する必要がある。	2. 足腰がもとに戻ったら外を散歩したい。2	2
③　3、6、8、10、11、16（日常生活）食事・排泄・入浴などは自分でできているが、脊柱管狭窄症・両膝関節症があり、下肢の痛みとしびれがある（特に朝方）ために、車いすを使用している。くしゃみなどで尿がもれることがあるが、できる限りトイレは人様の世話になりたくないと思っている。以上より、現在は、日常生活については自分でできている状態であり、特に問題はないと思われる。しかし、下肢の痛みとしびれは、日常生活を送る上での阻害因子と考えられる。一方、人様の世話になりたくないという考えは、日常生活を維持する上での促進因子と考えられる。	3　①より、うつ病で入院経験があり、現在も抗うつ薬を服用している。③④より、現在は精神的に安定していると思われる。悪化した場合は他者のかかわりを嫌がる、食欲にむらがある、移乗が不安定などの変化があり、今後も体調の管理や観察が必要である。現在の生活を維持していくために、生活課題とする。介護の方向性として、体調を悪化させずに生活を送ることができるようにする。そのため、食事の摂取状況、睡眠や服薬について観察する必要がある。	3. うつ病が悪化すると現在の生活を維持できなくなる可能性がある。3	3
④　3、13、14（活動・参加、精神面）職員の負担を軽くしたいと、洗濯物たたみなど職員の手伝いをしている。また、書道クラブに参加や、スケッチブックなどの絵の道具を使いやすく配置して絵を描く環境を整えて毎日絵が描ける体調でありたいと願っている。そして、自分の描いた絵が飾ってある廊下が気になっている。このようなことから、洗濯物たたみなどの活動は本人も大切であり、毎日絵が描けることは、本人にとって健康のバロメーターや生きがいになっていると思われる。	4　①より、うつ病悪化の際に「移乗の際に不安定になる」ことがあり、安全面の配慮が必要であるが、日常的介護で留意できているため生活課題としては取り上げない。③より、失禁したと思われる時には自尊心を傷つけないよう配慮した対応が求められる。しかし、頻繁にはみられていないので、生活課題としては取り上げない。	生活全般にかかわる課題ではあるが、現在は維持されている。生命を脅かすような問題もない。そのため、１２の本人の思いや願い、活動・参加に関連する優先順位を高く設定し、３の優先順位は3とする。	
⑤　2、3、4、5、13、15（人的・物的環境）娘と1ケ月に1回程度外食をしている。家族が会いに来てくれることを心待ちにしている。施設の環境（人的）は、仲の良い入居者がいて、ボランティアさんとの手紙のやりとりをしたりしている。以上より、現在の生活で、他者との交流面では問題がないと思われる。また、トイレと洗面台のある個室であることは本人の生活環境にとってよい環境である。	5　⑤より、家族が会いに来てくれることを心待ちにしていることや、家族や仲の良い入居者がいるので、おしゃべりを楽しんでいるため、これらの楽しい時間を大切にする必要がある。しかし、現在できているので、生活課題には取り上げなくてもよい。		

介護計画シート

作成日： XXX6 年 4 月 1 日

生活課題	長期目標	短期目標	月日	具体的方法
1．できる限り絵を描き続けたい。	楽しみのある生活を続けることができる。 (XXX6/10/1)	午前中に絵を描くことができる。 (XXX6/7/1)	4/1	①絵を描きたいときに描けるよう、絵の道具を自分で準備できるような場所に置いておく。 ②掃除などで絵の道具を移動したときには、必ず元の位置に戻す。 ③下肢の痛みとしびれがないかを、本人に確認する。 ④絵を描いている時、描き終わった時に疲れた表情がないか、食欲不振やめまいなどがないか、様子を観察する。疲れているときには無理をしないように声をかけ、医療職に報告する。 ⑤Bさん自身が毎日絵を描くことを目標にしているため、描けなかった日は、本人の気持ちを受け止める。
2．足腰がもとに戻ったら歩いて外を散歩したい。	短い距離であれば歩くことができる。 (XXX6/10/1)	1．歩行の可能性について知ることができる。 (XXX6/4/8)	4/1	医師や理学療法士から情報を得るとともに、痛みに対する処置などについて連携をとる。
		2．下肢の痛みとしびれが軽減できる。 (XXX6/7/1)	4/1	①どのような状況のときに痛みやしびれを感じているのか観察する。 ②膝かけを手の届くところに置いて、車いすでは膝かけをかける。 ③姿勢を変える、下肢を温めるなど、本人の希望にそって対応する。
3．うつ病が悪化すると現在の生活状況を維持できなくなる可能性がある。	現在の生活や希望を継続するために、体調を維持できる。 (XXX6/10/1)	体調を悪化させずに生活を送ることができる。 (XXX6/5/1)	4/1	Bさんにかかわるとき、以下の観察を常に行う。 ・食事の摂取状況（食事量、食べ方、食べている時の表情）、移乗時の姿勢（安定しているか、ふらつきはないか）、他者とのかかわりを嫌がっていないか、睡眠状況（睡眠時間、熟睡感、起床時の表情、睡眠に対する訴え）。 ・服薬が確実にできているかどうかを確認し、記録する。 ・不眠、食欲不振、ふらつきやふさぎこむなどのうつ症状がみられたときには主治医に報告し、休養が取れるように支援する。

学籍番号：＿＿＿＿＿＿＿　　氏名：＿＿＿＿＿＿＿

月日	実施	月日	評価
4/5	①②は本人がしている。③について、明け方にせき込みがあったとのこと。午前中はいつものように絵を描いていたが、午後に37.0℃の微熱があり、ベッドで休まれる（午後のBさんの平熱は36.0℃）。医師に報告した。	7/1	3か月に2回ほど微熱があり絵を描くことができない日があったが、毎日絵を描くことは続けている。体調を崩しても絵を描こうとし、頑張りすぎる面がある。 楽しみである絵が描き続けられるように支援することはもちろん必要であるが、日ごろから頑張り過ぎないように見守っていく必要があると思われる。 【計画の継続】
4/6	明け方のせき込みはなかったと夜勤者から報告があった。朝の体温は35.8℃で午前中は絵を描いていた。午後はいつものように廊下で入居者のNさんとにこやかに談笑していた。		
4/3	短期目標1．に対して、理学療法士とBさんの病状およびリハビリテーションについて話し合いを行った。 理学療法士によるリハビリテーションは週1回の温熱療法と下肢の筋肉強化を行い、補助具を用いて歩行の可能性があることが確認できた。	4/3	補助具を付けての歩行の可能性という目標を本人と共有し、今後は、週1回リハビリテーションを行うだけでなく、理学療法士と相談して毎日の運動メニューを作成し、体調に合わせた実施を行うことを再計画することとする。 【短期目標1．は達成したので、日常生活の中でリハビリテーションを計画する。】
5/1	昨夜はなかなか寝つくことができず、うとうととしか眠れなかったとうつろな表情で訴えがあった。 食欲もない様子で朝食、昼食の摂取量はともに1/3程度であったが、本人からタオルたたみを行う申し出があった。本人の強い義務感からの申し出であることを推察し、断らずに一緒に行い、早めに切りあげて休んでもらった。	5/1	特に大きな体調の変化はみられていない。少し体調を崩しても、忙しい職員のことを思いやりタオルたたみを申し出るため、職員が一緒に行い早めに切り上げている。 今後も小さな変化を早く見つけ、適切な対応が必要であると考える。 【計画の継続】

第6章 介護過程の内容を検討・評価する方法

最終章では、介護過程の内容を検討・評価する方法について述べる。

具体的には、介護展開を通して学んでいる内容を学生自身が多角的に検討できるために行われる「カンファレンス」と、自分自身を「ふり返る」方法の例、介護過程全体の評価やまとめとして行われる「事例研究」について説明する。

I カンファレンス

1 実習生がグループで学習・討議するための方法としてのカンファレンス

「カンファレンス（conference）」の辞書的意味は、「会議、協議」である。

介護の場面では、適切な支援を行うために支援にかかわる関係者が集まり、討議する会議を「カンファレンス」と称することが多い。

カンファレンスに定型はない。介護実習に関して実施されるカンファレンスの場合、学校・実習先の条件によっていろいろな目的や運営方法があり、メンバーも異なっている。

表6-1は、実習生がグループで討議・学習する方法の形態を、介護実習内容の目的別に整理したものである。表の構成は、実習中に想定されるグループ学習の「目的」を3つ設定し、目的別にその「目標または課題」「方法」を整理している。表に記載した「目的」は次の通りである。

①介護福祉士の職務を理解し、個別支援のあり方や職種間の連携・協働について理解できる。
②各介護実習の目的と自己の実習課題を意識して実習を行う。
③生活支援の方法としての「介護過程」を展開できる。

介護過程の展開を深めるためにはグループ学習が欠かせない。

学生が実習に関する内容をグループで討議・学習する目的・方法はさまざまであり、呼称も学校・実習先によって異なる。例えば、ある学校では「カンファレンス」という呼称で介護過程の検討を行い、別の学校では「グループスタディ」という呼称を用いている。「グループ」で討議する目的・方法、そして呼称はさまざまであるが、共通する利点は次の通りである。

①介護過程の展開を深めるための「カンファレンス」に参加するメンバーは学生のみの場合や、学生と教員、あるいは学生と教員および実習指導者など多様である。つまり、複数の参加者を前提とする。グループで行われる場（カンファレンスやグループスタディ）に学生が参加することは、グループの力を活かして学生が相互に学びあうことになる。
②1人の体験内容は限られており、1人の考えは狭いものである。しかし、グループで意見交換することは、介護過程の展開を深めることにつながる。

第6章　介護過程の内容を検討・評価する方法

表6-1　実習生がグループで討議・学習する方法の形態―実習内容の目的別にみた整理―

目的	目標または課題	実習生がグループで討議・学習する方法			
		時期	場	よく使われる呼称	参加の方法
介護福祉士の職務を理解し、個別支援のあり方や職種間の連携・協働について理解できる	・利用者を支援する関係職種が集まり、情報を共有したうえで具体的課題の解決をはかる方法を理解する ・同職種協働、他職種協働・連携の方法を理解する	実習中	実習先	ケアカンファレンス （サービス担当者会議） 計画立案カンファレンス チームカンファレンス （本人や家族の参加を含む）	見学・参加
各介護実習の目的と自己の実習課題を意識して実習を行う	・実習における課題・議題に対し、実習生同士で意見交換したり、文献学習を行いながら解決の方向を探るとともに、その課題・議題に対する学びを深める	実習前 実習中 実習後	実習先 学校	グループスタディ	学生主導による運営
	・実習における議題について、議題（テーマ）を設定し、話し合うとともに解決の方向を探る	実習前 実習中 実習後	実習先 学校	実習カンファレンス	教員または実習指導者主導による運営
	・実習のふり返りや、実習での困難点を相談・解決するとともに、指導を受ける	実習中	実習先	実習巡回指導 実習反省会	
生活支援の方法としての「介護過程」を展開できる	①介護過程を展開するために、情報の妥当性や介護の方向性・具体的計画の適否について検討する目的で話し合う ②立案した介護計画の適否について、実習指導者より助言を得るとともに、計画実施の了解を得るために話し合う ③立案した介護計画を実施した結果を受け、評価・修正を行うために話し合う	実習前 実習中 実習後	実習先 学校	評価カンファレンス 実習カンファレンス	学生主導による運営 教員または実習指導者主導による運営

2　介護過程を展開するためのカンファレンス

　表6-1の目的にある【生活支援の方法としての「介護過程」を展開できる】に関するカンファレンスについて、以下に述べる。

　介護過程展開におけるカンファレンスは、利用者の全体像理解を深めて介護過程を展開する目的とともに、学生が自分自身に向き合うきっかけとして位置づけられる。つまり、介護福祉職としての自分に向き合い、未熟な部分を素直に表出できる環境で、今の自分にできることや自分の限界を客観的に知る機会になる。

　介護過程を展開していくうえで遭遇したさまざまな課題や悩みは、自分一人で抱え込むのではなく、カンファレンスを通して考えることが大切である。カンファレンスで実習指導者や担

当教員、あるいは他学生の意見を聞いたり、情報交換を行うことは、何らかの解決策を見出すことにつながる。つまり、目的意識をもってカンファレンスに参加し、積極的に意見交換(他者の話を聴き、自分の意見・気持ちなどを話す)することで、多様な気づきが得られるであろう。

1) カンファレンスの内容と方法

介護過程展開におけるカンファレンスは、介護過程展開の開始直後や介護過程展開の途中、実習終了時などに段階を踏んで、実習先や学校などで行われる。

表6-1に示した、目的【生活支援の方法としての「介護過程」を展開できる】に含まれるカンファレンスの時期、内容と方法は以下のとおりである。

(1) 介護過程展開の開始前、または開始直後

〈目標または課題〉 介護過程を展開するために、情報の妥当性や介護の方向性・具体的計画の適否について検討する目的で話し合う。

介護過程を展開する利用者を決定し、利用者理解に近づき必要なケアを発見するためのカンファレンスである。

実習で出会った利用者のなかで印象に残った方、気になる何人かの利用者を候補に挙げ、コミュニケーションをとり、介護過程を展開する利用者として決めてよいかどうかを、実習指導者や担当教員に相談する。自分が疑問に思ったり、わからないことを率直に言葉にして表現し、質問に応えたり、助言をもらったりする。

このカンファレンスは、改まった場所を設定して開催するだけでなく、実習中のミーティングやその日の反省会などでも行われる。また、実習巡回に訪れた担当教員の面接指導の際に利用者のことを話し、具体的な助言や意見を求める場合もある。

〈カンファレンスの視点〉
①介護過程を展開する利用者を決めようとしたきっかけや理由について。
②利用者との人間関係形成で気づいたこと、信頼関係を築くために何をしたのか。
③介護過程を展開する利用者の「くらし、こころ、からだ」に関する情報収集はできたか。
④介護過程を展開する利用者の願いや思いは何か、それを知るためにどのようなかかわりをしようとしているのか。
⑤施設のケアプランはどのようなものなのか知っているか。
⑥今後どのように介護過程を展開していこうとしているのか、それは施設のケアプランから外れていないか。

(2) 介護過程展開の途中(介護計画立案後)

〈目標または課題〉 立案した介護計画の適否について、実習指導者より助言を得るとともに、計画実施の了解を得るために話し合う。

学生が実践している介護が妥当であるかを検討し、介護過程展開の客観化と介護過程展開方法の共有化のためのカンファレンスである。

カンファレンスは、実習施設での中間反省会や毎日のミーティング等で行われる。帰校日に学校で行うこともある。帰校日に養成校で行う場合は、他の施設で実習している学生たちも含めて全員、または小グループを形成し、それぞれの介護過程の展開の方法や課題、進捗状況について話し合う。

介護計画立案後のカンファレンスでは、介護過程を展開する利用者に対し、学生の一方的な思い込みで介護過程を展開していないかどうか、介護計画の内容は適切かどうかなどを検討する。介護過程展開への取り組みを、カンファレンスを通して客観的に判断すること、介護過程展開方法の共有化を再確認することが大切である。

グループメンバーの学生にとっては、自分と同じ立場の仲間の多様な介護過程の展開について学ぶことができる。また、自分自身の介護について気づきを得たり、視野を広げ、ふり返る機会にもなる。カンファレンスに参加する際は、批判や消極的態度ではなく、できるだけ利用者の願いや思いに近づけるような建設的な意見を述べるようにしよう。

〈カンファレンスの視点〉
①利用者の願いや思いを考えるためにどのような情報が必要か、不足している情報は何か、情報を集めるためには他にどのような方法が考えられるか。
②設定した生活課題は妥当であるか。
③考えた介護計画はその人に合っているか、実習期間内に実現可能であるか。
④介護計画を実践するために自分はどこまでできるか、職員にどのように協力を求めるか。
⑤これから何をしていくべきか、足らないものは何か、そのためにはどのような情報を集めたらよいかなど。

(3) 実習終了時のふり返り

〈目標または課題〉 立案した介護計画を実施した結果を受け、評価・修正を行うために話し合う。

介護実習の終了時期に、介護過程展開の全般をふり返るカンファレンスを行う。実習反省会の場で行われることもある。

あらかじめ設定された評価項目に沿って要点を整理して臨むことが重要である。

実習指導者や担当教員からのコメントだけでなく他の参加者の意見も素直に受け止め、次の支援（学習）の糧にする。このカンファレンスは、根拠のある介護実践を行う対人援助職としての専門性について考える機会ともなる。

〈カンファレンスの視点〉
①介護過程全体の展開過程での気づきについて。
②展開した介護過程は、利用者の願いや思いにそったものであったか、それを判断する根拠はどこにあるのか。
③介護計画と施設のケアプランとの適合性はどうか。
④継続性のある計画であったか。
⑤介護過程を展開したことで学んだことは何であったか、利用者との出会いを対人援助職と

しての自分にどうつなげていくのか。

2）カンファレンスの事前準備と開催時の留意点

　介護過程展開のカンファレンスが効果的に実施されるためには、それぞれの開催段階や方法に応じて、学習の主体者である学生が事前に十分準備をして臨むようにすることが大切である。

　限られた時間を有意義なものにするためにも、カンファレンス参加の留意点としては以下のことが考えられる。

　①学生が司会・記録を行う場合は、事前に役割を決め、話し合いの要点、進行方法を整理しておく。司会進行方法については適宜指導を受ける。
　②カンファレンスの目的を事前に明確にしておく。
　③記入した介護過程展開用紙に事前に目を通し、疑問に思っていることや困惑していることなどについて、具体的に質問できるように質問内容を確認しておく。
　④介護過程を展開する利用者を自分以外の人がイメージできるように、わかりやすくまとめておく。自分の偏った見方で、利用者の人格を損なうような発言はしないようにする。
　⑤参加者からの意見に素直に耳を傾ける柔軟な姿勢で参加する。

3）主体的に指導を受けるための留意点

　介護過程を展開するために一人で考えたことが、指導を受けることによって内容が深まっていく。介護過程の展開をさらに深めるためには、担当教員や実習指導者から、学生が自主的に積極的に指導を受けることが大切である。

　自分一人の考えだけでなく客観的に介護過程展開を進めるために、実習指導者に指導を受ける際のポイントについて述べておく。

　①利用者の情報や施設のケア方針・目標について情報提供をしてもらう。
　②情報収集内容が適切かを判断してもらい、不足の情報を追加する機会とする。
　③情報の解釈に関するアドバイスを受ける（記録用紙を用いての指導を受けることは、具体的に利用者理解が深まり効果的である）。

　担当教員からは、実習を通して介護過程の学習が円滑に進められるように指導を受け、必要に応じて実習先との調整を受けることが多い。指導を受ける人それぞれの役割と責任範囲を理解してタイミングよく指導を受けることが大切である。

Ⅱ 介護過程の展開を通し自分自身を「ふり返る」方法例

　介護は利用者との人間関係によって行われる。利用者とかかわることにより、介護福祉職としての自分自身も成長し、それが介護のより良い実践につながる。

　例えば実習施設で、入浴拒否がある利用者や、大きな声をあげている利用者などと出会うと、最初は問題のある人と思うかもしれない。しかし、何日か経過して、その人の病気や障害についての情報、生活歴や社会背景、また、その人の「思い」などを知ると、「何かの気持ちの表われではないか」「失語症で思ったことがうまく話せず、いらいらして大声を出すようだ」など、行動の理由や背景に視点をあててみることができるようになる。その結果、その利用者に対する印象が変わり、接し方や援助の仕方も変化するであろう。

　この経験は、次に同じような利用者に出会った時にも活かされる。このような過程を通して、学生自身も介護福祉職として成長していくのである。

　介護過程を支援（次の学習）に活かすためには、介護過程の実践そのものを評価するだけでなく、自分自身がその実践を通して、どのように変化したかをふり返ることが大切である。自分自身を客観視することは、対人援助に必要な自己覚知につながり、利用者の支援だけでなく、将来後輩の職員や実習生を指導する時にも役立つ。

　ふり返りを行うことは、後で述べる事例研究にも反映できる。

１）自分自身をふり返る方法の例　―ワークシート―

　自分自身をふり返る方法はいろいろある。たとえば、実習の担当指導者や教員が評価する、学生同士のグループ討議で確認し合う、自己評価などである。これらのふり返り内容は、記録に残しておくと活用の幅が広がる。

　ここでは、利用者とのかかわりを通してふり返るワークシートを紹介する。

　実習で介護過程を展開した利用者とのかかわりを、実習で記入した実習記録を確認しながらふり返る方法である。

２）ワークシートの使い方

　介護過程を展開した利用者について、学生がとらえた利用者の状況と学生のかかわりを【介護過程を展開する前】【介護過程展開中の経過】【介護過程展開後】の時系列にそって記入し、最後に全体をふり返って総括する。

　このワークシートを活用する場合、実習中の記録が不十分では活用が難しい。実習中の記録は、「利用者の様子」や「実施した介護について」などの他に、「かかわった際に感じたことやかかわりに関する考え」「利用者の人間像・全体像をどのようにとらえたか」「なぜそのように思ったのか」「かかわりの根拠や理由」などが、具体的に記入されているとより活用できる。

　上記のような記録内容は、「日々の実習記録」「介護過程展開シート」などで記載されているであろう。実習終了後に実習記録を読み直し、該当する部分を抜き出して整理すれば、ワークシートが完成する。

「介護過程」ふり返りシート

学籍番号：　　　　　氏名：

【介護過程を展開する前】

利用者に関心を抱いた理由、介護過程を展開する利用者に選んだ理由

【介護過程展開中の経過】　……変化・気づきがあった内容を記入

日　時	記録の種類 （右記が記録してある実習記録）	自分がとらえた利用者の状況 （利用者の反応、状況の変化）	その時のかかわりの状況	かかわりの根拠 （なぜそのようにかかわったのか）
記録日	記録の種類	最初のかかわり（初期のかかわり）		
記録日	記録の種類	その後のかかわり		

【介護過程展開後】

日　時	自分がとらえた利用者の状況	その根拠（なぜそのように思ったのか）

○　自分のかかわりの考察

○　評価できる点

○　今後に残された課題

第6章　介護過程の内容を検討・評価する方法

Ⅲ　事例研究

　介護の事例研究は、主に次の2つの目的で行われる。
　①介護場面で生じた課題を解決したり、より良い介護を提供するため。
　②介護福祉職の訓練・研修のため。
　研究の対象は、利用者に対して実践した介護の内容であるが、研究テーマは目的によって変わる。学生が事例研究を行う場合は、実習における介護過程展開の経過と結果をまとめるために行うことが多い。その目的は、研究を通じて介護実践を客観的にふり返り、次の支援（学習）に活かすことである。
　「事例研究」の方法を本書で述べるには限界がある。事例研究の方法について記した文献を参考書とし、さらに詳しく学ぶ必要がある。ここでは、介護過程の評価・まとめを目的として行われる学生の事例研究の概要を述べるにとどめる。
　事例研究について参考となる文献を本章末尾に記しておく。別の文献も活用し、更なる学びを深め、おそらくは最終学年で取り組むであろう「事例研究」を意義あるものにしてほしい。

1　事例研究の意義

1）介護過程のプロセス全体をふり返ることができる
　利用者に対する認識の共有化や援助内容の客観化ができることはカンファレンスと共通している。カンファレンスが介護過程展開の前や展開中にも行われ、その結果によっては援助内容を修正することもあるのに対し、実習終了後に行う事例研究は、結果が直接その利用者の介護に反映されることはない。しかし、介護過程展開の最初から実習終了まで、全体を通してふり返ることにより、新たな発見や気づきにつながることがある。
　そして、事例研究がカンファレンスと違うもうひとつの点は、今までその事例を知らなかった人たちに対して、報告や発表をすることである。決められた執筆要領や発表方法のなかで、必要なことを要領よくまとめ、しかもその事例を知らない人たちにも理解してもらうようにするための作業は、報告者自身の事例に対する理解をさらに深めることになる。

2）介護過程の展開を客観視することができる
　先行研究との対比などによって、展開内容をより客観的に評価することができる。論文や発表用資料の作成も、自分の体験を客観化してふり返る機会になる。

3）表現力が身につく
　報告書の書式や文字数、発表会の報告時間などは、あらかじめ決められている。そのような制約のなかで報告書を作成したり発表をしたりすることは、表現力の訓練にもなる。

4）講評を受けることに意義がある
　事例を別の視点からとらえたり、自分の考えを修正したりすることができ、新たな学びにつながる。発表会で他の人の報告を聞き、それに対する意見を述べることも、視野を広げるために役立つ。

2 事例研究のテーマ決定

　実習で行った介護過程展開の経過や結果を羅列しただけでは、事例研究とは言えない。事例研究のテーマを設定し、そのテーマに沿った内容で、報告することが求められる。

　テーマは、最初から決めている場合もあるが、介護過程展開の経過のなかで問題意識をもったことを、テーマとする場合もある。

　介護過程展開の利用者を決める際に、「〜のような利用者の〜のような援助に取り組みたい」ということがはっきりしている場合は、事例研究のテーマも最初から決まっているが、「何となくその利用者が気になった」「施設職員の勧めで受けもつことになった」などの場合は、介護過程展開中や実習終了後にテーマを決めることになる。もちろん、最初に決めていたテーマが、途中で変わることもある。

　テーマの内容には、①利用者の生活課題や支援の方法・内容について、②介護過程展開の方法について、③学生自身の取り組みの姿勢、などがある。

3 事例研究の方法

1）事例研究報告書の作成

表6-2　事例研究報告書の構成（例）

タイトル
1　はじめに
2　研究目的
3　事例紹介
4　アセスメント
5　計画立案・実施・評価
6　考察
7　おわりに

　決定したテーマに沿って報告書を作成するが、テーマに関係のある先行研究等の文献はあらかじめ確認し、参考にしよう。

　構成は、概ね表6-2のようなものになる。タイトルはテーマから導き出されるが、本文もテーマにそって書き進めて行く。

　介護過程展開の経過を羅列するのではなく、利用者の情報や介護過程展開の記録などから、テーマに関係のある内容のみを抽出してまとめていく。考察では、参考文献や、担当教員・指導者の助言、発表会でのコメントなどを、積極的に取り入れよう。

　決定したテーマに沿って報告書を作成するが、テーマに関係のある先行研究等の文献はあらかじめ確認し、参考にしよう。

　報告書作成に際しては、次のような点に注意してほしい。
①倫理的配慮を忘れてはならない。個人情報保護のため、利用者氏名、地名、施設名などの固有名詞、誕生日や入所の年月日などの他、個人が特定できる情報は書かないようにする。学校で書き方のルールを決めている場合は、それに従う。
②読み手が理解しやすい、わかりやすい文章で書く。そのためには、下書きの段階で教員や指導者の意見も聞き、何回も推敲して清書しよう。
③決められた書式や文字数、提出期限を守る。

2）事例研究報告の発表

　事例研究の口頭発表に際しては、決められた時間内にわかりやすい発表ができるように、発表会用の原稿を作成する。口頭発表の内容を補うために、印刷資料を配布、可能な場合はパワーポイントなどの映像資料を用いることも効果的である。

　事前に発表の練習をしておくと、落ち着いて発表に臨むことができ、発表原稿や資料のわかりにくい点を修正することもできる。

　発表後には質疑応答の時間が設けられることが一般的である。発表前に内容を確認し、予想される質問には答えられるようにしておくと、あわてないですむ。また、質問やコメントの内容が、自分の考えと異なり、意にそわないものであったとしても謙虚に受け止め、貴重な学習の機会として大切にしよう。

　他の人の発表を聞いて、それに対して質問したりコメントを述べたりする時には、批判するのではなく、良い点を見つけて評価するように心がけよう。自分の意見と違う点、理解できない点、納得できない点などについても、一方的に批判するのではなく、まず発表者の立場に立って考え、そのうえで自分の考えを述べるようにする。

事例研究を行うために参考となる文献

○ 太田貞司監修，本名靖・荏原順子・木村久枝編著「第4章　事例研究」『介護福祉総合演習』光生館，2015年
○ 柊崎京子編著『介護福祉を学ぶ学生のための事例研究』久美出版，2011年
○ 和田要・大嶋美登子・江原勝幸『ケーススタディをはじめよう！介護事例研究の手引き』第2版，日総研出版，2004年
○ 佐藤眞一『すぐに役立つ事例のまとめ方と発表のポイント』中央法規出版，2006年

【参考文献】

1）介護事例研究会編『介護事例研究』建帛社，2001年
2）川村匡由・川村岳人『福祉系学生のためのレポート・卒論の書き方』中央法規出版，2005年
3）黒澤貞夫・前川美智子編著『リーディングス介護福祉学19　介護実習指導』建帛社，2004年
4）黒澤貞夫「第8章　生活支援の展開方法」『生活支援学の構想』川島書店，2006年
5）黒澤貞夫「第1部総論編」『事例で学ぶケアプラン作成演習　改訂版』一橋出版，2007年
6）ケアワークマスタ研究会編『介護実習ハンドブック』久美出版，2000年
7）柊崎京子編著『介護福祉を学ぶ学生のための事例研究』久美出版，2011年
8）和田要・大嶋美登子・江原勝幸『ケーススタディをはじめよう！介護事例研究の手引き』第2版，日総研出版，2004年
9）佐藤眞一『すぐに役立つ事例のまとめ方と発表のポイント』中央法規出版，2006年

研究報告（資料）

■事例研究報告会開催までのプロセス

1. 介護実習において実施した介護過程の展開をふり返り、文献研究等を通して論文にまとめる
2. 事例研究報告会で研究発表を行う
   - 発表に際しては、①配布用資料、②プレゼンテーション資料、③発表原稿を準備

■発表用パワーポイント

〇〇〇〇年〇月〇日
事例研究報告会

自立度の高い利用者が
有意義な施設生活を送るための支援

△△大学
〇〇学部 〇〇学科 介護福祉コース4年
〇〇 〇〇

Ⅰ はじめに

- 特別養護老人ホーム入所者の平均要介護度：3.89
  （2013年、厚生労働省）
- 対象者のA氏は、日常生活動作のほとんどが自立している。
- 自立度の高い利用者が施設で有意義な生活を送れるような支援について考察する。

Ⅱ 研究目的・方法

- 研究目的：介護過程の展開をふり返り、文献等を通して、自立度の高い利用者が施設で有意義な生活を送れるような支援について考察する。
- 倫理的配慮：個人が特定されないよう匿名にし、個人情報については、個人が特定されることがないよう、十分配慮する。

Ⅲ 事例紹介〈A氏、女性、90代前半、要介護2〉

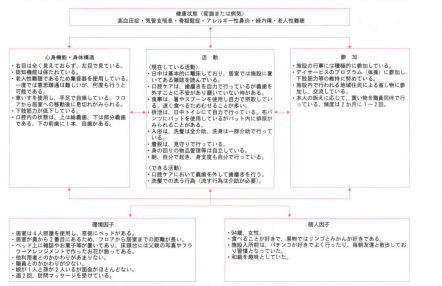

Ⅳ アセスメントの要約①

生活課題1：日常生活に楽しみをもち、充実した日々を過ごしたい

- 日中、雑誌を読んだり、テレビを観ていることが多いが、楽しんでいる様子はみられず、外出頻度も少ない。

- 施設での生活に楽しみが欲しいと強く希望していると考えられる。

- 散歩や趣味だった和裁、役割が持てる活動を取り入れ、居心地の良い生活を送れるように支援する必要があると思われる。

Ⅳ アセスメントの要約②

生活課題2：口腔内を清潔に保つ必要がある

- 普段、食後に自力で口腔ケアを行っているが、義歯を装着したまま歯磨きを行ったり、磨かなかったりする。

- 口腔内に残渣物があり、歯磨き後につまようじを使用している様子がみられる。

- 職員がかかわることが少なく、確認不足だと思われる。

- 口腔内に残渣物があることにより、細菌が増殖したり、口臭の原因になる等、日常生活に影響が出ると考えられる。

Ⅴ 結果①

生活課題1：日常生活に楽しみを持ち、充実した日々を過ごしたい

〈長期目標〉有意義な生活を送ることができる
〈短期目標〉1．おしぼり用タオル等をたたむことが習慣になる
　　　　　　2．散歩で季節を感じることができる
　　　　　　3．以前の趣味である和裁を生かして台拭きを縫うことができる

【タオルをたたむ】
- 拒否的な反応はみられず一緒にタオルたたみを行うことができた。
- 他利用者と一緒に行う際、自分と他利用者のたたむスピードを比較し気にする様子が何度もみられたため、座る位置を変更したところ、気にする頻度は少なくなった。
- 毎日続けて活動ができず、習慣にはならなかった。
- タオルたたみは、指先の運動になり実施するたびに器用に行うことができていた。

Ⅴ 結果②

【散歩を行う】
- 散歩は、職員同伴で施設の敷地内または施設周辺とし、散歩後のA氏の疲労感を考慮し15分程度で実施した。
- 散歩に出かけた際のA氏の様子として、施設ではみられないような笑顔や楽しそうな様子がみられた。
- 五感を通して、季節を感じてもらうことができた。

【台拭きを縫う】
- A氏から和裁が趣味だったという情報が得られたため、台拭きを縫う計画を立案した。しかし、様々な方法でアプローチを試みたがA氏から同意が得られず、実施できなかった。

Ⅴ 結果③

生活課題2：口腔内を清潔に保つ必要がある

〈長期目標〉口腔内を清潔に保つ
〈短期目標〉義歯を外して歯磨きができる

- A氏の口腔ケアの様子を見守り、必要に応じて声かけ、義歯の洗浄を行った。
- 食後に歯磨きの声かけをしたが、A氏から拒否的な反応があったため行わなかった。声かけの工夫が足りなかった。
- A氏の義歯を常に見える位置で取り扱うよう配慮したことで、A氏が不安にならずに口腔ケアを実施することができた。
- 口腔ケアを行うことにより、つまようじの使用はみられず、さっぱりした様子がみられた。口腔内を清潔にすることができた。

第6章 介護過程の内容を検討・評価する方法

Ⅵ 考察①

生活課題1：「日常生活に楽しみを持ち、充実した日々を過ごしたい」について

- 和裁は、A氏からの了承が得られず実施できなかった。A氏のニーズを理解するためにはアセスメントを行う過程で不足している情報に気づき、再度必要な情報の収集が必要であった。
- タオルたたみは、A氏に声かけをすることで行うことができたが、タオルたたみを行うことに強い意欲や役割意識を感じていたとは考えづらい。
- A氏自身が他者の役に立っていることを実感できるように支援を行うことで、生きがいを感じながら生活を送ることが可能になると考える。
- 散歩ではこれまでのかかわりのなかでみたことのないA氏の生き生きとした笑顔や表情がみられ、A氏にとって散歩は「楽しい」「快い」と感じる活動であると感じた。今後も可能な範囲で継続することが望まれると考える。

Ⅵ 考察②

生活課題2：「口腔内を清潔に保つ必要がある」について

- 最初の口腔ケアでは、声かけを行ってもA氏からの同意が得られず実施できなかった。A氏は義歯を外して紛失することに不安があったため、信頼関係の構築が必要であると感じた。
- 口腔ケアの必要性を説明したり、A氏が不安にならないように支援方法を工夫したことで、拒否的な反応はみられなくなった。4回目の実施では、A氏が自ら義歯を外して口腔ケアを行うことができ、目に見えるA氏の変化を実感した。
- 口腔ケア後にA氏がつまようじを使用する様子はみられなかったため、口腔内は清潔になったと考える。

Ⅵ おわりに

- 利用者のニーズにそった支援を行うためには、情報収集およびアセスメントが重要である。
- 利用者本位の介護実践を行うため、今後アセスメント力を高めたい。
- 自立度の高い利用者の施設生活が有意義なものになるためには、介護福祉職が利用者とのコミュニケーションやかかわり方を工夫する必要があると考える。

主な参考文献
- 浦尾和江「暮らしの中でのアクティビティ」おはよう21、第24巻第1号、中央法規出版、p15、2013年
- 阪口英夫『口腔ケアハンドブック』中央法規出版、p133、2004年
- 内閣府規制改革会議「厚生労働省提出資料」2014年

＝資料＝

［介護過程展開シート］
　これが私：くらし　103
　これが私：からだ　104
　これが私：こころ　105
　アセスメントシート　106
　介護計画シート　107
　認知症高齢者の日常生活自立度判定基準　108
　障害高齢者の日常生活自立度（寝たきり度）判定基準　109
　「相手の立場になって考える」授業計画　110

拡大コピーをしてご自由にお使いください

これが私：くらし

◎ 利用者本人　○ 記入者が観察したこと　△ 家族　▽ 職員　□ 記録

学籍番号：　　　　　　　氏名：

これまでの私

生まれた所、子どもの頃の家族や好きな遊び、よく思い出すエピソード、成人してからの家族や仕事、趣味など

私をとりまく人々

家族、親戚、同居の利用者、大切な人、傍にいてほしい人、頼りにしている人、気になる人、苦手な人、会いたい人、ペットなど

今の私の過ごし方

午前	月
	火
	水
午後	木
	金
夕方	土
夜	日

思い入れのある日課	楽しみにしている行事

くらしの状況

	くらしの状況	現在どのように暮らしているか	私の願い・要望
コミュニケーション	他者との会話 手紙・メール・電話など		
調理と片づけ	調理・保存 配膳・下膳・片付		
衣類	衣類の管理 洗濯 状況に合わせた選択・調整		
整容	身だしなみ おしゃれ		
整理掃除	整理整頓 掃除 身の回りの整え 装飾		
金銭管理	生活費の源 管理方法 お金の使い道		
外出	外出方法 外出先		
買い物			
薬の管理			
その他（仕事など）			

今住んでいるところ

私の部屋：一戸建て、集合住宅、持家・賃貸、施設

	よくいく場所、近所の様子

103

これが私：からだ

◎利用者本人　○記入者が観察したこと　△家族　▽職員　□記録

学籍番号：＿＿＿＿＿＿＿＿　氏名：＿＿＿＿＿＿＿＿

〈基本情報及び身体の状況〉

氏名（イニシャル）	性別 男・女	生年月日 年 月 日	年齢 歳
□要介護度（　）	□障害支援区分（　）	障害高齢者自立度（　）認知症高齢者自立度（　）	
ケアプラン〈目標〉（　　年　月　日）			

過去の病気やけが

現在の病気や障害

受けている医療

身体の状況
（麻痺・拘縮・変形・痛み・腫れ・浮腫・皮膚の状態などを記入する）

現在使用中の薬（効果や副作用も記入）

身長：　　cm　　体重：　　kg

〈コミュニケーションとADL〉

項目	今の私の状況	私の願い・要望
コミュニケーション	見る	
	聞く	
	話す	
	書く	
	記憶する	
	理解する	

	項目	今の私の状況	私の願い・要望
起居・移動動作	寝返り		
	起き上がり		
	座位姿勢と保持		
	立ち上がり		
	立位姿勢と保持		
	移乗動作		
	歩行・移動動作		
	転倒しやすい場面		
	その他		
睡眠	休息		
	睡眠		
食事	口腔の状況		
	咀嚼・嚥下		
	食欲		
	食事形態		
	水分摂取		
	食事姿勢と保持		
	食事摂取方法		
	食事中の様子（意欲・時間など）		
	その他		
排泄	尿意・便意	尿意：　便意：	
	失禁の有無		
	排尿方法と回数	日中／夜間	
	排便方法と回数		
	その他		
清潔・整容	入浴、洗髪		
	洗面（手洗い含む）		
	歯みがき		
	整髪、髭剃り、化粧、爪切り		
	着替え		
	その他		

これが私：こころ

◎利用者本人　○記入者が観察したこと　△家族　▽職員　□記録

学籍番号：　　　　　氏名：

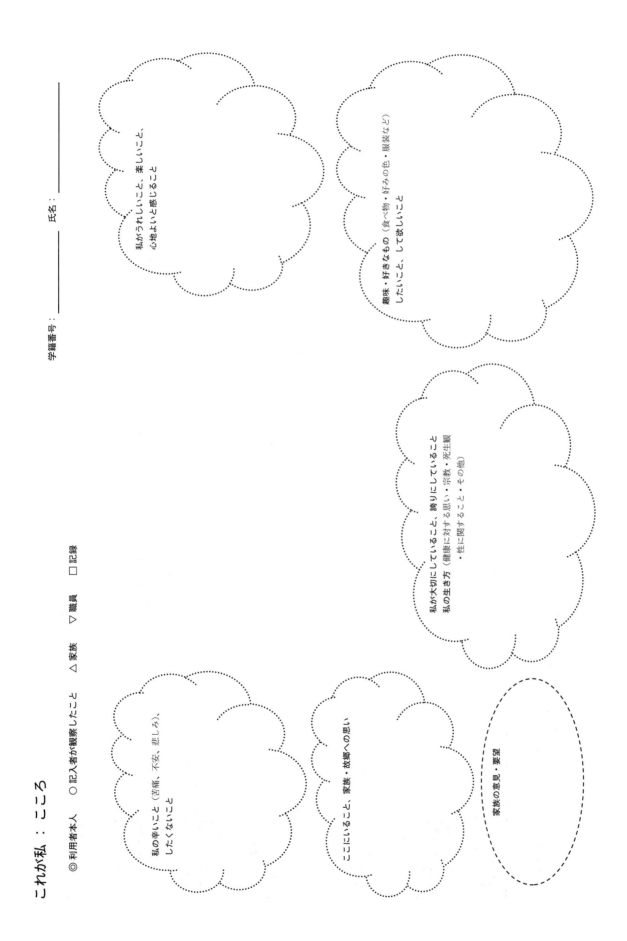

私がうれしいこと、楽しいこと、心地よいと感じること

趣味・好きなもの（食べ物・好みの色・服装など）したいこと、して欲しいこと

私が大切にしていること、誇りにしていること
私の生き方（健康に対する思い・宗教・死生観・性に関すること・その他）

私の辛いこと（苦痛、不安、悲しみ）、したくないこと

ここにいること、家族、故郷への思い

家族の意見・要望

アセスメントシート

学籍番号：＿＿＿＿＿＿　氏名：＿＿＿＿＿＿

	情報の整理 （事実を簡潔に記入）	情報の分析・解釈・統合	判　断	
			①利用者の願いや思いは何か ②介護福祉職からみて必要なこととその根拠は何か ③介護の方向性の判断	
			生活課題	優先順位
これが私	1 これまでの私			
	2 私をとりまく人々			
	3 今の私の過ごし方			
くらし	4 くらしの状況			
	5 住んでいるところ			
からだ	6 基本情報・身体の状況			
	7 コミュニケーション			
	8 移動・起居動作			
	9 睡眠			
	10 食事			
	11 排泄			
	12 清潔・整容			
こころ	13 うれしい・楽しいこと			
	14 趣味・好きなもの　したいこと　欲しいこと			
	15 大切・誇り			
	16 私の生き方　辛い・したくないこと			
	17 故郷への思い・家族			
	18 家族の意見・要望			

介護計画シート　　　　　　　　　　　　　　　　　　　　　　　学籍番号：_____　氏名：_____

生活課題	長期目標	短期目標	月日	具体的方法	月日	実施	月日	評価

認知症高齢者の日常生活自立度判定基準

ランク	判断基準	見られる症状・行動の例	判断にあたっての留意事項
Ⅰ	何らかの認知症を有するが、日常生活は家庭内及び社会的にほぼ自立している。		在宅生活が基本であり、一人暮らしも可能である。相談、指導等を実施することにより、症状の改善や進行の阻止を図る。
Ⅱ	日常生活に支障をきたすような症状・行動や意思疎通の困難さが多少見られても、誰かが注意していれば自立できる。		在宅生活が基本であるが、一人暮らしは困難な場合もあるので、日中の居宅サービスを利用することにより、在宅生活の支援と症状の改善及び進行の阻止を図る。
Ⅱa	家庭内で上記Ⅱの状態が見られる。	たびたび道に迷うとか、買物や事務、金銭管理などそれまでできたことにミスが目立つ等	
Ⅱb	家庭内でも上記Ⅱの状態が見られる。	服薬管理ができない、電話の応対や訪問者との対応など一人で留守番ができない等	
Ⅲ	日常生活に支障をきたすような症状・行動や意思疎通の困難さが見られ、介護を必要とする。		日常生活に支障をきたすような行動や意思疎通の困難さがランクⅡより重度となり、介護が必要となる状態である。「ときどき」とはどのくらいの頻度を指すかについては、症状・行動の種類等により異なるので一概には決められないが、一時も目を離せない状態ではない。

在宅生活が基本であるが、一人暮らしは困難であるので、夜間の利用も含めた居宅サービスを利用しこれらのサービスを組み合わせることによる在宅での対応を図る。 |
| Ⅲa | 日中を中心として上記Ⅲの状態が見られる。 | 着替え、食事、排便、排尿が上手にできない、時間がかかる。やたらに物を口に入れる、物を拾い集める、徘徊、失禁、大声・奇声をあげる、火の不始末、不潔行為、性的異常行動等 | |
| Ⅲb | 夜間を中心として上記Ⅲの状態が見られる。 | ランクⅢaに同じ | |
| Ⅳ | 日常生活に支障をきたすような症状・行動や意思疎通の困難さが頻繁に見られ、常に介護を必要とする。 | ランクⅢに同じ | 常に目を離すことができない状態である。症状・行動はランクⅢと同じであるが、頻度の違いにより区分される。

家族の介護力等の在宅基盤の強弱により居宅サービスを利用しながら在宅生活を続けるか、または特別養護老人ホーム・老人保健施設等の施設サービスを利用するかを選択する。施設サービスを選択する場合には、施設の特徴を踏まえた選択を行う。 |
| M | 著しい精神症状や周辺症状あるいは重篤な身体疾患が見られ、専門医療を必要とする。 | せん妄、妄想、興奮、自傷・他害等の精神症状や精神症状に起因する問題行動が継続する状態等 | ランクⅠ～Ⅳと判断されていた高齢者が、精神病院や認知症専門棟を有する老人保健施設等での治療が必要となったり、重篤な身体疾患がみられ老人病院等での治療が必要となった状態である。専門医療機関を受診するよう勧める必要がある。 |

出所：老発第0403003号「「痴呆性老人の日常生活自立度判定基準」の活用について」の一部改正について（平成18年4月3日）

障害高齢者の日常生活自立度(寝たきり度)判定基準

生活自立	ランク J	何らかの障害等を有するが、日常生活はほぼ自立しており独力で外出する 　1．交通機関等を利用して外出する 　2．隣近所なら外出する
準寝たきり	ランク A	屋内での生活はおおむね自立しているが、介助なしには外出しない 　1．介助により外出し、日中はほとんどベッドから離れて生活する 　2．外出の頻度が少なく、日中も寝たり起きたりの生活をしている
寝たきり	ランク B	屋内での生活は何らかの介助を要し、日中もベッド上での生活が主体であるが、座位を保つ 　1．車いすに移乗し、食事、排泄はベッドから離れて行う 　2．介助により車いすに移乗する
	ランク C	一日中ベッド上で過ごし、排泄、食事、着替において介助を要する 　1．自力で寝返りをうつ 　2．自力では寝返りもうたない

出所:老健第102-2号「厚生省大臣官房老人保健福祉部長通知」を改訂(平成3年11月18日)

「相手の立場になって考える」授業計画　（本書12-16ページを使用した授業案）

　介護福祉職として利用者にかかわることは、「感じる・考える主体同士がかかわる」ことである。そのため、利用者を理解するための第一歩は、利用者に対する共感的理解とともに、自分と利用者の違いに気づくこと。さらに、介護福祉職も個別性をもつ存在であるから事例に対する自分の理解と他者（クラスメート）の理解には共通点もあるが、相違もあること。そして、「相手の立場に立つ」ということはあくまでも自分の体験や立場から共感し、理解していることに気づくこと。これらの気づきは、介護過程展開に当たって大切な視点となると思われる。

1) 授業目標
①みかこさんの体験を自分自身に引きつけて考えることができる。
②みかこさんと自分の違いを知ることができる。
③クラスメートの気づき・考えと自分自身の気づき・考えの違いを知ることができる。
④「相手の立場に立つ」ということは、自分の体験や立場から共感的な理解をしていることに気づくことができる。

2) 使用した事例（本書12-16ページ「みかこさん」）

3) 使用した教材
- ワークシート1-④-1「もし私が…私は…を5つあげる」、シート1-④-2「他者の意見や気持ちを聞いてみよう」、ワーク1-④のふり返り「このワークを通して感じたこと、学んだこと」
- 絵本を元に作成した紙芝居（引用文献：レオ＝レオニ、谷川俊太郎訳『さかなはさかな』好学社、1975年）

時間	教授項目	教員の教授行動：その項目の教授行動	教員の教授行動：発問・板書	学生の活動	留意事項 準備用品 など
10分	導入 前回授業についてのふり返り 本日の授業の説明	・出席をとる（呼名でアイコンタクトし、学生の状況把握） ・テキスト12頁を開く ・「かかわりってなんだろう」の前回の授業の要点を簡単に整理する ・相手の立場に立つことについて、みかこさんの体験からワークシートを使って学ぶことを伝える	【板書1】（黒板の左上に書く） テーマ 「相手の立場に立って考える」	テキスト12頁を開く	『楽しく学ぶ介護過程』
15分	個人ワークの展開 みかこさんの事例を理解する 共感する 違いに気づく	・ワークシート配布 ・ワークのみに集中させる ・教員が事例を読み、学生には黙読させる ・記入例をあげる ・学生の間をラウンドし、ワークに躓いている学生に声をかける ・板書2-①の部分を指し示し、みかこさんの気持ちに引きつけられたかを問いかける ・板書2-②の部分を指し示し、みかこさんと自分の気持ちに違いがあったかを問いかける	【板書2】（テーマの下に書く） ①みかこさんの体験を自分自身に引きつけて考える ②みかこさんと自分の違いを知る	黙読する ワークシートへの記入をはじめる シートを埋め、教員の言葉に耳を傾ける	ワークシート1-④-1 もし…例として 「もし私が高校入学後1週間で倒れたら」「私は目の前がまっくらになる」
30分	グループワークの展開 他者の意見を聞く	・グループワークの説明 ・4～6人のグループ編成　カードなどを使用し、ランダムにグループ編成する ・注意事項を伝える 「机をつけて、皆の顔が見える状態でワークをします」 「自分で考えたこと、気づいたことを自由に言ってください」 「どんな意見も全て各自が記入してください」 ・グループワーク開始の指示 ・各グループをラウンドし、質問等に答える	【板書3】（黒板の右、テーマと離れた位置） ・机をつけてワークをする ・考えたこと、気づいたことを自由に言う ・どんな意見も全て各自が記入する ・自分と同じ意見と違う意見をマーカーで色分けする ・時間：20分 【板書4】（黒板の左、テーマの下に書く） 他者と自分の気づきや考え方の共通するところと、違うところを知る	グループを編成する 注意事項に耳を傾ける 机をつけてグループワークの配置になる	ワークシート1-④-2 マーカーや色ペンなどの準備 順番に思ったことを話していくとともに、各自が用紙に記入を進める
	他者との違いに気づく	・意見が出つくしたところで指示を出す 「意見が出つくしたところで、自分と同じ意見と違う意見をマーカーで色分けしてください」			マーカーで色分けする
5分	他者との違いに気づく	・グループワーク終了の合図　元の位置に戻る指示 ・発問	《発問》 なぜクラスメートと自分の感じ方や考えは違うと思いますか？（間をおく） これから読む紙芝居（絵本）の中にその答えがあるかもしれません。聞いてください。	元の位置に戻る 教員の話に耳を傾ける	
10分	紙芝居 自分の体験や立場から理解していることに気づく	（絵本がなければ省略） ・『さかなはさかな』（絵本より10場面抜粋）読み聞かせ 　特に後半部分はゆっくり読み、紙芝居から感じる時間を与える ・10場面のところで終了 ・以下を伝える 　板書のテーマを示しながら、相手の立場に立つことはとても大切だが、人は一人ひとりが個別性をもっているから、自分も他者も共通するところもあるが、違うところもあること 　共感的理解は、あくまでも自分の体験や立場から理解していることを知っておきたいこと	《発問》 （最後の絵をみながら）私たちもこんな感じではないですか？こんな体験はないですか？ 魚が想像していた牛も人間も魚の形をしていましたね。何かを理解しようとした時、自分が知っていること、体験したことをベースに考えたり、共感したりしていると思いませんか？ 【板書5】（黒板の左　一番下に書く） （黒板の右、テーマと離れた位置） 自分の体験や立場からの共感的理解	じっくりと聴く （絵本がなければ省略）	
20分	ワークからの学びの記入 終了	・このワークで学んだことの記入 　ワークを通しての学び、感じたことを書くように指示する ・ワークシート回収の指示　／　次回の授業について		各自が記入をはじめる	ワーク1-④のふり返り ワークシート回収

監　修

柊崎　京子（十文字学園女子大学）

「楽しく学ぶ介護過程」新版グループ（50音順）

赤羽　克子（聖徳大学）
市原　浩美（彰栄保育福祉専門学校）
楠永　敏惠（帝京科学大学）
倉持有希子（東京YMCA医療福祉専門学校）
小林　結美（世田谷福祉専門学校）
斎藤　千秋（元東京国際福祉専門学校）
佐藤　可奈（聖徳大学）
野中　和代（浦和大学）
朴　　美蘭（㈱ライトハウス）
柊崎　京子（帝京科学大学）
福沢　節子（帝京科学大学）
宮本　佳子（帝京科学大学）
吉賀　成子（帝京科学大学）

新版　楽しく学ぶ介護過程

2018年1月31日　第1版第1刷　定　価＝1800円＋税

編　　者	介護福祉教育研究会　Ⓒ
発 行 人	相　良　景　行
発 行 所	㈲　時　潮　社

174-0063　東京都板橋区前野町4-62-15
電　話（03）5915-9046
ＦＡＸ（03）5970-4030
郵便振替　00190-7-741179　時潮社
URL http://www.jichosha.jp
E-mail kikaku@jichosha.jp

印刷・相良整版印刷　製本・壷屋製本

乱丁本・落丁本はお取り替えします。

ISBN978-4-7888-0722-8